九州大学
人文学叢書
1

藤野月子

王昭君から文成公主へ

中国古代の国際結婚

九州大学出版会

目次

王昭君から文成公主へ

——中国古代の国際結婚——

菱田春草「王昭君」（山形県善宝寺蔵，1902 年）

序章

本書は、中国古代において近隣諸国を懐柔するために採られた政策として史上著名な公主降嫁（皇帝の女《むすめ》が嫁ぐこと）について論じようとするものである。こうした公主は和蕃公主とよばれた[1]。前漢の建国当初、白登（現在の中国山西省大同市の東北）において匈奴の大軍に包囲され、窮地に陥った高祖劉邦は匈奴と和親して公主を降嫁した。このことが和蕃公主の降嫁の嚆矢とされる。表題に掲げた王昭君は前漢時代の人物であり、中国四大美女のうちの一人として名高い。後漢に著された『西京雑記』をはじめとして彼女を題材に取り上げた文学作品は数多く存在する。それは、彼女が匈奴の呼韓邪単于へ降嫁した故事に基づくものである。また、チベットのラサには文成公主をかたどった金色の像がまつられている。それは、唐代に彼女が吐蕃の棄宗弄讃へ降嫁したことにちなむものである。

こうしたいわば国際結婚ともいえる婚姻に基づく外交政策は、周知のように世界史上広く見受けられるものである。中国の場合、この和蕃公主の降嫁以外にも、王朝は古来から冊封・羈縻・互市などの様々な手段を用いて近隣諸国を統御しようとした。政治的に見たとき、これらは究極的には中国を中心とした世界秩序の安定のため、中国に従う近隣諸国に対し、官爵・財物などを賜与することを通じて中国への従属を強め、その対象からはずされた勢力との間に格差を設け、相互に牽制・分断させることを目指した政策であるといえる。

これら政策の実態・理念およびその結果もたらされる世界秩序を巡る諸問題については、すでに西嶋定生[2]・堀敏一[3]・池田温氏[4]らをはじめとした先学によって数多くの優れた研究がなされ、膨大な成果が蓄積されてきている。

こうしたなか、いわゆる「隋唐世界帝国」あるいは「東アジア世界」について論じられる際、漢字・儒教・仏教・律令の四要素が重要視されてきた。しかし、かつて、布目潮渢氏は、儒教・仏教・律令がいずれも漢字と深い関係を有して伝播したものであるだけに、そもそも漢字を使用しない北方遊牧民族の場合には指標として当てはまらないとされた[5]。布目氏は、このような観点に立ち、隋唐時代に盛んに行われた和蕃公主の降嫁が有する重要性に注目し、隋と突厥との関係を追究している。つまり、布目氏は、北方遊牧民族と隋唐との関係を考えた際、先述した四要素の他に、和蕃公主の降嫁が有する歴史的な意味に注目したのである。

そうした歴史的な意味を有する外交政策であるため、和蕃公主の降嫁については、他にも坂元義種・日野開三郎・長沢恵氏らをはじめ、国内外を問わず数多くの先学によって論じられてきている[6]。ゆえに、この問題に関してはすでに論じ尽くされているといえないわけでもない。例えば日野氏が、唐代の和蕃公主の降嫁について、近隣諸国の和蕃公主の獲得は自己に対する唐の評価を最大限にまで高めるものであり、ほとんど近隣諸国側の申し入れと熱烈な推進運動とによって成立し、それと対立する他国の妨害を受けて実現の延期・中止となったものさえ見受けられるとされている[7]。無論、筆者もこのような先学の見解に賛同するものである。しかし、そこでは、最も盛んに和蕃公主の降嫁が行われていた隋唐時代が考察の中心とされ、降嫁が有する性格について中原王朝と近隣諸国との勢力関係からのみ論じられている感が強い。よって、仔細に見ていくとき、解明すべき重要な問題がいまだ残されているように思われるのである。

また、隋唐は官僚・法律・経済・宗教などの制度制定において、周漢の古典文化をその一つのモデルとしていた。[8]一方、近年、杉山正明氏は、北周・隋・唐などでは王家が婚姻を通じて相互に血縁関係を有しており、政権・国家の形態・システムなどもほぼ変わらないという点を踏まえ、北魏から始まるこれら諸朝を「拓跋国家」として捉えることを提唱されている。[9]そのような視点は、すでに陳寅恪氏の関隴集団の理解に見るように、ある面においては以前からも提示されてきており、筆者もこうした見解に大筋では賛同するものである。しかし、杉山氏のような巨視的な見方の当否は、様々な事例を通じて検証していくべき事柄であろう。

さて、先述のごとく、中国においては和蕃公主の降嫁以外にも、冊封・羈縻・互市などの様々な外交政策が存在し、それらの多くは歴代王朝を通じて実施されてきた。このなかで特に筆者が注目したいのは、和蕃公主の降嫁が唐代において最も数多くの事例を見出しうるという事実である。しかし、従来の研究では隋唐時代が考察の中心とされてきたためか、そもそも、なぜそれが唐代において最も盛んに行われたのかという点について考察した研究は管見のおよぶ限り見受けられない。さらに、唐代に限らず通時的に見てみると、和蕃公主の降嫁の実施は先述した前漢の高祖劉邦の事例から始まったとされるものの、続く後漢魏晋南朝の時代ではその例を見ず、一方の五胡十六国北朝の時代において再開され、のちに隋唐での盛行を経るが、次の五代十国北宋の時代へ至るとまたほとんど行われなくなるという現象が認められる。では、このような消長現象が生じていたとすれば、和蕃公主の降嫁にはそれぞれの時代性なり特色なりといったものが存在すると考えられるのではないであろうか。

よって、本書では、対象とする時代を広げ、中原王朝によって行われた和蕃公主の降嫁の事例、および、この展開とかかわる蓋然性を有している近隣諸国の王女（以下、近隣諸国から中原王朝へ嫁いだ君長の女を和蕃公主と区別して便宜的に王女と称す）が中原王朝へ入嫁した事例、それぞれの実態を追究し、これらが各時代のありかたといかにかかわっていたのか、また、いかなる変容を遂げていったのかという点について論じることとしたい。

以上の問題点の解明を通じ、従来の視点とは異なる角度から新たに和蕃公主の降嫁の実態を捉え直し、漢から唐という長いタイムスパン（論の展開の都合上、春秋戦国時代・五代十国時代・宋代・元代の事例に言及する場合もある）から見てそうした各時代の事例を可能な限り検証し、その歴史的な意味について総合的な観点から考察する。その上で、国際結婚すなわち婚姻に基づく外交政策である和蕃公主の降嫁というものが、漢から唐の各時代においていかなる時代性を付与されたものであったのかという、これまで一般には論じられることのなかった点について追究する。[10]

注

（1）小川昭一氏は、「和蕃公主の文学」（『花園大学研究紀要』第一二号　一九八一年　二頁参照）において、和蕃公主の語は中唐の詩人によって使用されたものがその最も早い例であり、九世紀頃には一般的な用語となっていたとされている。
（2）西嶋定生『西嶋定生　東アジア史論集』第三巻（岩波書店　二〇〇二年）など参照。
（3）堀敏一『中国と古代東アジア世界』（岩波書店　一九九三年）など参照。
（4）池田温『東アジアの文化交流史』（吉川弘文館　二〇〇二年）など参照。
（5）布目潮渢「隋の大義公主について」（『隋唐帝国と東アジア世界』汲古書院　一九七九年）二八〇頁参照。
（6）坂元義種「古代東アジアの国際関係――和親・封冊・使節より見たる――」（『ヒストリア』第四九・五〇号　一九六七・一九六八年　初出、『古代東アジアの日本と朝鮮』吉川弘文館　一九七八年）、日野開三郎「唐代の和蕃公主」（『久留米大論叢』第二七巻　第二号　一九七八年　初出、『日野開三郎東洋史学論集』第九巻　三一書房　一九八四年）、長沢恵「中国古代の和蕃公主につい

て」(『海南史学』第二一号 一九八三年)、王桐齢「漢唐之和親政策」(『史学年報』第一巻 一九二九年)、鄺平樟「唐代公主和親考」(『史学年報』第二巻 一九三五年)、王寿南「唐代公主与和親政策」(『唐代人物与政治』文津出版社 一九九九年)、閻明恕『中国古代和親史』(貴州民族出版社 二〇〇三年)、崔明徳『中国古代和親史』(人文出版社 二〇〇五年)など参照。

(7) 日野氏前掲論文(前掲注(6))二四三頁参照。

(8) 妹尾達彦「中華の分裂と再生」(『岩波講座 世界歴史 九 中華の分裂と再生』岩波書店 一九九九年)四頁参照。

(9) 杉山正明『遊牧民から見た世界史 民族も国境もこえて』(日本経済新聞社 一九九七年)二〇五頁参照。

(10) 中国歴代王朝では、各王朝の創始者および二代目のみを廟号でよび、それ以降は諡号でよぶことが通例であるものの、唐代以降では諡号が複雑・長大となる傾向があるために廟号でよぶことが多い。本書ではこのような点を踏まえつつ、廟号・諡号のうち、通常より一般的に認識されている方を使用して表記することとする。また、本文中に史料として挙げた漢文に見える括弧表記に関しては、より詳しい理解を促すために筆者が付け加えたものである。

第一章　漢から宋における和蕃公主の降嫁の数量的な推移

はじめに

序章で述べたように、和蕃公主の降嫁は特に唐代において最も数多くの事例が見られる。では、それはいかなる理由から生じたことなのであろうか。従来の研究では隋唐時代が考察の中心とされてきたため、なぜそれが唐代において最も盛んに行われたのかという点について考察したものは管見のおよぶ限り見受けられない。とすれば、これまでの視点とは異なる角度から新たに和蕃公主の降嫁の実態を捉え直す必要性があるであろう。よって、本章では、まず対象とする時代を広げ、中原王朝によって行われた和蕃公主の降嫁および近隣諸国によって行われた王女の入嫁それぞれの実態について、漢から宋までの各時代ごとにこれらの事例がいかなる程度実施されているのかという数量的な側面から考察する。その上で、これらの実施事例の数量は時代が下るに従っていかなる変容を遂げているのかという点について追究する。以上により、唐代において最も盛んに和蕃公主の降嫁が行われたのはなぜなのかという問題について解明する足掛かりとしようと思う。

第一節　唐代における和蕃公主の降嫁の事例件数

まず、唐代における婚姻に基づく外交政策の事例件数について見てみよう。表1は唐代に行われた和蕃公主の降嫁の事例を、表2は唐代に行われた近隣諸国王女の入嫁の事例を、それぞれ年代順に示したものである(1)。

表1　唐代における和蕃公主の降嫁の事例

	年代	出自	降嫁先	出典
①	貞観一四（六四〇）年	宗女 弘化公主	吐谷渾 慕容諾曷鉢	『旧唐書』巻一九八 吐谷渾伝、『新唐書』巻二二一上 吐谷渾伝
②	貞観一五（六四一）年	宗女 文成公主	吐蕃 棄宗弄讃	『旧唐書』巻一九六上 吐蕃伝上、『新唐書』巻二一六上 吐蕃伝上
③	景龍四（七一〇）年	宗女 雍王守礼女 金城公主	吐蕃 棄隷蹜賛	『旧唐書』巻一九六上 吐蕃伝上、『新唐書』巻二一六上 吐蕃伝上
④	開元五（七一七）年	宗女 従外甥辛景初女 固安公主	奚 李大酺	『旧唐書』巻八 玄宗紀、『新唐書』巻二一九 奚伝

⑤	開元五（七一七）年	宗女 東平王外孫楊元嗣女 永楽公主	契丹 李失活	『旧唐書』巻八 玄宗紀、『新唐書』巻二一九 契丹伝
⑥	開元一〇（七二二）年	宗女 成安公主女 東光公主	奚 李魯蘇	『旧唐書』巻一九九下 奚伝、『新唐書』巻二一九 奚伝
⑦	開元一〇（七二二）年	宗女 従妹夫慕容嘉賓女 燕郡公主	契丹 李鬱于	『旧唐書』巻八 玄宗紀、『新唐書』巻二一九 契丹伝
⑧	開元一〇（七二二）年	家臣女 阿史那懐道女 交河公主	突騎施 蘇禄	『旧唐書』巻一九四下 突厥伝下、『新唐書』巻二一五下 突厥伝下
⑨	開元一四（七二六）年	宗女 従外甥女 東華公主	契丹 李邵固	『旧唐書』巻八 玄宗紀、『新唐書』巻二一九 契丹伝
⑩	天宝三（七四四）載	宗女 四従弟参女 和儀公主	寧遠国 阿悉爛達干	『新唐書』巻二二一下 寧遠伝
⑪	天宝四（七四五）載	宗女 外甥女 宜芳公主	奚 李延寵	『旧唐書』巻九 玄宗紀、『新唐書』巻二一九 奚伝

⑫	天宝四（七四五）載	宗女 外孫女 静楽公主	契丹 李懐節	『旧唐書』巻九 玄宗紀、『新唐書』巻二一九 契丹伝
⑬	乾元元（七五八）年	粛宗女 寧国公主	ウイグル 葛勒可汗	『旧唐書』巻一九五 廻紇伝、『新唐書』巻二一七上 回鶻伝上
⑭	大暦四（七六九）年	家臣女 僕固懐恩女 崇徽公主	ウイグル 牟羽可汗	『旧唐書』巻一二一 僕固懐恩伝、『新唐書』巻二一七上 回鶻伝上
⑮	貞元四（七八八）年	徳宗女 咸安公主	ウイグル 天親可汗	『旧唐書』巻一三〇 関播伝、『新唐書』巻二一七上 回鶻伝上
⑯	長慶元（八二一）年	憲宗女 太和公主	ウイグル 崇徳可汗	『旧唐書』巻一九五 廻紇伝、『新唐書』巻二一七下 回鶻伝下

表2　唐代における近隣諸国王女の入嫁の事例

	年代	唐	出自	出典
①	至徳元（七五六）年	敦煌郡王 李承寀	ウイグル 葛勒可汗養女	『旧唐書』巻一九五 廻紇伝、『新唐書』巻二一七上 回鶻伝上

表1および表2からわかるように、唐代では、和蕃公主の降嫁は一六件、近隣諸国王女の入嫁は一件、計一七件の婚姻に基づく外交政策が行われている。

第二節　漢代における和蕃公主の降嫁の事例件数

次に、漢代（後漢を含む）における和蕃公主の降嫁の事例件数について見てみよう（当該時代には近隣諸国王女の入嫁の事例は見られない）。表3は漢代に行われた和蕃公主の降嫁の事例を年代順に示したものである。

表3①の事例は、『漢書』巻九四上 匈奴伝上に、高祖劉邦九（前一九八）年、匈奴との抗争を伝えて、

是に於いて、高祖 之を患い、乃ち劉敬をして宗室の女の翁主を奉じて単于の閼氏と為さしめんとす。歳ごとに匈奴に絮繒・酒・食物を奉ずること各々数有り、約して兄弟と為り、以て和親す。冒頓乃ち少しく止む。

とあるものである。ここでは、和親締結の際、食物・財物の贈与および兄弟となる約束をするなどという項目とともに、公主（ここでは翁主[2]）の降嫁が行われている。

表3からわかるように、漢代では前漢・後漢の四〇〇年を通じて和蕃公主の降嫁事例が六件見られる。つまり、現存の史料による限り、漢代の降嫁は約七〇年に一回の割合で行われたこととなる。これを、先に示した唐代における件数と比較してみれば、唐代では約一八年に一回の割合で行われており、漢代における和蕃公主の降嫁事例の割合はそれよりも少ないことがわかる。これには、単に史料が残されなかったことも大きく影響してはいるであろ

表3　漢代における和蕃公主の降嫁の事例

	年代	出自	降嫁先	出典
①	高祖劉邦九（前一九八）年	宗女	匈奴 冒頓単于	『漢書』巻九四上　匈奴伝上
②	文帝六（前一七四）年	宗女	匈奴 老上単于	『漢書』巻九四上　匈奴伝上
③	景帝五（前一五二）年	宗女	匈奴 軍臣単于	『漢書』巻九四上　匈奴伝上
④	元封六（前一〇五）年	宗女 江都王建女 烏孫公主（細君）	烏孫 昆莫	『漢書』巻九六下　西域伝下
⑤	元封期（前一一一～一〇五）	宗女 楚王戊孫 解憂	烏孫 岑陬	『漢書』巻九六下　西域伝下
⑥	竟寧元（前三三）年	後宮宮女 王昭君	匈奴 呼韓邪単于	『漢書』巻九四下　匈奴伝下

う。ただし、必ずしもそうとばかりはいいがたい現象も見られる。それは、後漢では和蕃公主の降嫁事例が見られないということである。例えば、『後漢書』列伝七九　南匈奴列伝に、永平六（六三）年、北匈奴が後漢へ和親を求めたことを伝えて、

時に、北匈奴は猶お盛んにして数々《しばしば》辺に寇す。朝廷は以て憂いと為す。会々《たまたま》、北単于の合市せんと欲し、遣使して和親を求む。顕宗（明帝）其の交通し、復た寇を為さざらんことを冀いたれば、乃ち之を許す。

とあり、後漢はそれを許可している。時代はさかのぼるが、光武帝のときにも南匈奴との間で和親の成立したことを示す史料が存在する(3)。しかし、いずれの際にも、後漢から匈奴へ公主が降嫁したことを示す史料は管見のおよぶ限り見受けられないのである。

このように、前漢・後漢を通じて見たとき、和蕃公主の降嫁が行われたのはすべて前漢においてであり、後漢になるとその事例を見ることがなくなるという点は注目すべき事柄であるといえよう。さらに、注目すべきは、この降嫁が見られない現象がのちの時代へも継承され、魏晋南朝の時代にあっても、管見のおよぶ限り和蕃公主の降嫁が成立したことを示す事例は見受けられないということである。魏晋南朝の時代において降嫁事例が見出せないことをも、先の後漢の場合と同様、歴史史料の少なさにその原因を帰することができるであろうか。魏晋南朝の時代には、『三国志』以下六つの正史が存在する。その点を漢代と比較すれば、決して史料総量が少ないということはできないであろう。こうしたことは、後漢から六朝における和蕃公主の降嫁が成立した事例の存在しない点に、単なる史料の問題へ帰すことのできない時代背景が存在することを予想させるといえよう。

第三節　五胡十六国時代における和蕃公主の降嫁の事例件数

そうした私見を一層確かなものとするのは、魏晋南朝の時代と大きく重なる五胡十六国時代から北朝の時代において、和蕃公主の降嫁事例が数多く見られるようになるということである。しかも、同時に近隣諸国の王女が中原王朝へ嫁ぐという漢魏の時代には全く見られることのなかった事例さえ見られるようになるのである。

では、次にこの点に注目しつつ、五胡十六国時代における婚姻に基づく外交政策の事例件数について見てみよう。表4は五胡十六国時代に行われた他の勢力へ女を嫁がせた事例（当該時代には諸国の君長が皇帝を称していない場合もあり、その女を公主とみなすことができないため、こうした表現を用いることとする）を、表5は五胡十六国時代に行われた他の勢力の女を娶った事例を、それぞれ年代順に示したものである。

表4　五胡十六国時代における他の勢力へ女を嫁がせた事例

	年代	出自	入嫁先	出典
①	苻堅期（三五七～三八五）	前秦 苻堅女	氐 楊定	『北史』巻九六 氐伝
②	延初元（三九四）年	前秦 苻登妹 東平長公主	西秦 乞伏乾帰	『晋書』巻一一五 苻登載記、同書 巻一二五 乞伏乾帰載記

③	太初一一（三九八）年	西秦 乞伏乾帰宗女	吐谷渾 視羆	『資治通鑑』巻一一〇 安帝紀 隆安二年
④	太平三（四一一）年	北燕 馮跋女 楽浪公主	柔然（蠕蠕） 勇斛律	『晋書』巻一二五 馮跋載記④
⑤	五世紀前半	南涼 禿髪傉檀孫	西秦 乞伏熾磐	『晋書』巻一二五 乞伏熾磐載記、同書 巻一二六 禿髪傉檀載記
⑥	五世紀前半	後秦 没奕于女	夏 赫連勃勃	『晋書』巻一三〇 赫連勃勃載記、『魏書』巻九五 赫連勃勃伝、『北史』巻九三 赫連勃勃伝

表5　五胡十六国時代における他の勢力の女を娶った事例

	年代	五胡十六国諸国	出自	出典
①	張駿期 （三二四～三四五）	前涼 張駿	鄯善 元孟女	『晋書』巻八六 張駿伝
②	太平六（四一四）年	北燕 馮跋	柔然 勇斛律女	『魏書』巻一〇三 蠕蠕伝、『北史』巻九八 蠕蠕伝

表4④の事例は、『晋書』巻一二五 馮跋載記に、太平三（四一一）年、柔然の勇斛律が北燕の馮跋へ求婚してきたことを伝えて、

勇斛律遣使して跋の女の偽楽浪公主を求め、馬三千匹を献ず。跋其の群下に命じて之を議せしむ。素弗等の議して曰く「前代の旧事は皆な宗女を以て六夷に妻わす。宜しく妃嬪の女を以て許すべし。楽浪公主は宜しく非類に下降すべからざるなり」と。跋曰く「女の生まれては夫に従う。千里は豈に遠からんや。朕方に殊俗を崇信するに、いかんぞ之を欺かんや」と。乃ち焉を許す。其の游撃の秦都を遣わして騎二千を率い、其の女を送りて蠕蠕に帰せしむ。

とあるものである。また、表5②の事例は、『魏書』巻一〇三 蠕蠕伝に、その三年後の太平六（四一四）年、今度は北燕の馮跋が柔然の勇斛律の女を娶ったときのこととして、

馮跋斛律の女を聘して妻と為し、将に交婚を為さんとす。

とあるものである。当時、北燕と柔然とは互いに女を嫁がせて娶り合っていたわけである。

このように、五胡十六国時代を通じ、諸国は他の勢力へ女を嫁がせることを六件行っている。つまり、現存の史料による限り、約二二年半に一回の割合で行われたこととなる。また、漢魏の時代には全く見ることのなかった他の勢力の女を娶る事例も二件存在しており、現存の史料による限り、約六八年に一回の割合で行われたこととなる。すなわち、当該時代、外交政策として婚姻が行われた割合は約一七年に一回ということとなる。これを漢代と比較してみれば、五胡十六国時代における婚姻に基づく外交政策は漢代よりも盛んに行われるようになっていることがうかがえよう。

第四節　代国および北朝の時代における和蕃公主の降嫁の事例件数

次に、五胡十六国時代における諸国乱立・興亡の状況を終結し、華北を統一した鮮卑族拓跋部の建国による代国、および、北魏をはじめとする北朝諸朝における婚姻に基づく外交政策の事例件数について見てみよう。表6は代国時代に行われた他の勢力へ女を嫁がせた事例（表6には平帝・昭帝などとあるが、これらはのちに追号されたものである。当該時代にはいまだ代国の君長が皇帝を称しておらず、その女を公主とみなすことができないため、五胡十六国時代と同様にこうした表現を用いることとする）を、表7は代国時代に行われた他の勢力の女を娶った事例を、また、表8は北朝の時代に行われた和蕃公主の降嫁の事例を、表9は北朝の時代に行われた近隣諸国王女の入嫁の事例を、それぞれ年代順に示したものである。

表6　代国時代における他の勢力へ女を嫁がせた事例

	年代	出自	入嫁先	出典
①	元康三（二九三）年	平帝女	匈奴 宇文丘不懃	『魏書』巻一 序紀、同書 巻一〇三 宇文莫槐伝、『北史』巻九八 宇文莫槐伝
②	元康八（二九八）年	昭帝女	匈奴 宇文遜昵延	『魏書』巻一 序紀、同書 巻一〇三 宇文莫槐伝、『北史』巻九八 宇文莫槐伝

③	建国四（三四一）年	昭成帝女	匈奴 劉務桓	『魏書』巻一 序紀
④	建国七（三四四）年	烈帝女	前燕 慕容晃	『魏書』巻一 序紀
⑤	建国一九（三五六）年	昭成帝女	前燕 慕容儁	『魏書』巻一 序紀
⑥	建国二三（三六〇）年	昭成帝女	匈奴 劉衛辰	『魏書』巻一 序紀、同書 巻九五 劉虎伝、『北史』巻九三 僭偽附庸伝

表7 代国時代における他の勢力の女を娶った事例

	年代	代国	出自	出典
①	建国二（三三九）年	昭成帝	前燕 慕容晃妹	『魏書』巻一 序紀、『北史』巻一三 后妃伝上
②	建国七（三四四）年	昭成帝	前燕 慕容晃女	『魏書』巻一 序紀、同書 巻九五 慕容元真伝、『北史』巻一三 后妃伝上、同書 巻九三 僭偽附庸伝
③	建国二五（三六二）年	昭成帝	前燕 慕容暐女	『魏書』巻一 序紀

表8　北朝の時代における和蕃公主の降嫁の事例

	年代	出自	降嫁先	出典
①	神麚元（四二八）年	北魏 始平公主	夏 赫連昌	『魏書』巻九五 赫連昌伝、『北史』巻九三 赫連昌伝
②	延和三（四三四）年	北魏 西海公主	柔然 呉提	『魏書』巻一〇三 蠕蠕伝
③	太延三（四三七）年	北魏 太武帝妹 武威公主	北涼 沮渠牧健	『魏書』巻九九 沮渠蒙遜伝、『北史』巻九三 僭偽附庸伝
④	太延五（四三九）年	北魏 太武帝公主	氐 楊保宗	『魏書』巻一〇一 氐伝、『北史』巻九六 氐伝
⑤	大統四（五三八）年	西魏 元翌女 化政公主	柔然 阿那瓌兄弟 塔寒	『北史』巻九八 蠕蠕伝
⑥	興和二（五四〇）年	東魏 常山王隲妹 蘭陵公主	柔然 阿那瓌	『魏書』巻一〇三 蠕蠕伝
⑦	武定三（五四五）年	東魏 済南王匡孫 広楽公主	吐谷渾 慕容夸呂	『魏書』巻一〇一 吐谷渾伝

⑧	大統一七（五五一）年	西魏 長楽公主	突厥 伊利可汗	『周書』巻五〇 突厥伝
⑨	大象元（五七九）年	北周 趙王昭女 千金公主	突厥 他鉢可汗	『周書』巻五〇 突厥伝

表9 北朝の時代における近隣諸国王女の入嫁の事例

	年代	北朝	出自	出典
①	道武帝期（三八六～四〇九）	北魏 道武帝	後燕 慕容宝女	『北史』巻一三 后妃伝上
②	神瑞二（四一五）年	北魏 明元帝	後秦 姚興女 西平公主	『晋書』巻一一八 姚興載記下、『宋書』巻九五 索虜伝、『魏書』巻九五 姚興伝、『北史』巻九三 僭偽附庸伝
③	神䴥元（四二八）年	北魏 太武帝	夏 赫連勃勃女	『南斉書』巻五七 魏虜伝、『魏書』巻四上 世祖紀上、『北史』巻一三 后妃伝上
④	延和元（四三二）年	北魏 太武帝	北燕 馮文通女	『魏書』巻九七 馮文通伝、『北史』巻九三 僭偽附庸伝
⑤	延和二（四三三）年	北魏 太武帝	北涼 沮渠牧健妹	『魏書』巻九九 沮渠蒙遜伝、『北史』巻九三 僭偽附庸伝

⑥	延和三（四三四）年	北魏 太武帝	柔然 呉提妹	『魏書』巻一〇三 蠕蠕伝
⑦	大統三（五三七）年	西魏 文帝	柔然 阿那瓌女 郁久閭皇后	『北史』巻一三 后妃伝上、同書 巻九八 蠕蠕伝
⑧	興和四（五四二）年	東魏 神武帝子 高湛	柔然 阿那瓌孫 隣和公主	『北史』巻九八 蠕蠕伝
⑨	武定三（五四五）年	東魏 神武帝	柔然 蠕蠕公主	『北史』巻一四 后妃伝下
⑩	武定三（五四五）年	東魏 孝静帝	吐谷渾 慕容夸呂従妹	『魏書』巻一〇一 吐谷渾伝
⑪	天和三（五六八）年	北周 武帝	突厥 木杆可汗女 阿史那皇后	『周書』巻五〇 突厥伝

表6④および表7②の事例は、『魏書』巻一 序紀に、建国七（三四四）年、代国の昭成帝が前燕の慕容晃の女を娶り、また、烈帝の女を慕容晃へ嫁がせたときのこととして、

（建国）六（三四三）年秋八月、慕容元真（晃）遣使して女を薦めんことを請う。……七年春二月、大人の長孫

秩を遣わし、后の慕容氏元真の女を境に迎えしむ。夏六月、皇后の至ること和龍よりす。秋七月、慕容元真遣使して奉聘し、交婚を求む。帝之を許し、九月、烈帝の女を以て之に妻わす。

とあるものである。このとき、代国と前燕とは互いに女を嫁がせて娶り合っていたわけである。

また、表8⑥の事例は、同書 巻一〇三 蠕蠕伝に、興和二（五四〇）年、東魏の神武帝が柔然の阿那瓌へ蘭陵公主を降嫁したときのこととして、

献武王（神武帝）遣使して之に説く。阿那瓌遣使朝貢して求婚す。献武王方に四遠を招かんとし、常山王の妹の楽安公主を以て之を許し、改めて蘭陵公主と為す。瓌遣わして馬千匹を奉じ、娉礼と為して公主を迎えしむ。詔して宗正の元寿をして公主を送り、北へ往かしむ。是より朝貢相尋ぐ。

とあるものである。その五年後、東魏は柔然からその王女を娶ってもいる。すなわち、表9⑨の事例は、『北史』巻一四 后妃伝下に、武定三（五四五）年のこととして、

蠕蠕は強盛にして西魏と通和し、兵を連ねて東伐せんと欲す。神武之を病み、杜弼をして蠕蠕に使わし、世子の為に求婚せしむ。阿那瓌曰く「高王自ら娶らば則ち可なり」と。神武猶予す。尉景と武明皇后及び文襄並びに勧めて請う。乃ち之に従う。武定三年、慕容儼をして往きて之を娉せしめ、号して蠕蠕公主と曰う。

とあるものである。当時、東魏と柔然とも互いに女を嫁がせて娶り合っていたわけである。

このように、代国から北朝の時代を通じ、和蕃公主の降嫁は一五件存在した。つまり、現存の史料による限り、約一八年に一回の割合で行われたこととなる。また、五胡十六国時代と同様に漢魏の時代には全く見られることのなかった近隣諸国王女の入嫁も一四件存在しており、現存の史料による限り、約一九年に一回の割合で行われたこととなる。すなわち、当該時代、外交政策として婚姻が行われた割合は約九年に一回ということとなる。これは五胡十六国時代と類似した現象であり、鮮卑族拓跋部の建国による代国、および、北朝の時代における婚姻に基づく外交政策も漢代よりも盛んに行われるようになっていることが明らかである。

なお、『魏書』巻二四　崔玄伯伝に、北魏初めのこととして、

太祖（道武帝）曾て玄伯を引きて漢書を講ぜしめ、婁敬[5]の漢祖に説き、魯元公主を以て匈奴に妻わせんと欲するに至り、之を善しとし、嗟嘆すること良に久し。是を以て諸公主を皆な賓附の国に釐降す。朝臣子弟は名族美彦なりと雖も、焉に尚するを得ず。

とある。北魏の道武帝が前漢の高祖劉邦期に行われた和蕃公主の降嫁政策を受けてそれを実施したことがわかる。このことから、北魏以降において行われた和蕃公主の降嫁は単に前漢の政策にならっただけのものであるとも捉えられる。しかし、前掲の表4・表6からもわかるように、和蕃公主の降嫁政策は北魏より以前の五胡十六国時代およびその前身の代国時代から行われており、一方、先述のごとく、この時代とほぼ同時期の魏晋南朝の時代においてこの政策は採られていない。さらに、五胡十六国時代から北朝の時代では、和蕃公主の降嫁および漢魏の時代に

は全く見られることのなかった近隣諸国王女の入嫁の事例も盛んに行われている。

以上のことから、五胡十六国時代から北朝の時代において、和蕃公主の降嫁は前漢に行われた政策にならうということを建前としつつも、内実はこれとは異なった独自の要素に基づいて盛んに行われ、漢代よりも婚姻が外交の重要な政策となっていたということがいえよう。

第五節　隋代および唐代における和蕃公主の降嫁の事例件数

五胡十六国時代から北朝の時代において見られた傾向は、北朝の王朝として中国再統一を成し遂げた隋へも受け継がれている。表10は隋代に行われた和蕃公主の降嫁の事例を年代順に示したものである。

表10③の事例は、『隋書』巻六四　柳謇之伝に、突厥が隋へ和親を求めたことを伝えて、

突厥の啓民可汗和親を求むるに及び、復た謇之をして義成公主を突厥に送らしむ。


とあるものである。ここでは、和親締結の際、和蕃公主の降嫁が行われている。

このように、隋は短命な王朝であったにもかかわらず、その間に行われた和蕃公主の降嫁は五件であり、これ以前の時代と比較しても、約七年半に一回の割合で行われたという点が注目される。よって、隋代においてはこれまでの五胡十六国時代から北朝の時代で見られた流れがより一層強まり、婚姻が外交の重要な政策となっていたといえよう。

なお、当該時代には北朝の時代とは異なり、近隣諸国王女の入嫁の事例は管見のおよぶ限り見受けられない。

表10　隋代における和蕃公主の降嫁の事例

	年代	出自	降嫁先	出典
①	開皇一六（五九六）年	先化公主	吐谷渾 慕容世伏	『隋書』巻八三 吐谷渾伝
②	開皇一七（五九七）年	宗女 安義公主	突厥 突利可汗	『隋書』巻八四 突厥伝
③	開皇一九（五九九）年	宗女 義成公主	突厥 啓民可汗	『隋書』巻六四 柳謇之伝、同書 巻八四 突厥伝
④	大業五（六一〇）年	宗女 華容公主	高昌 麹伯雅	『隋書』巻八三 高昌伝
⑤	大業一〇（六一五）年	宗女 信義公主	西突厥 処羅可汗	『隋書』巻八四 西突厥伝

以上、漢代から順に各時代ごとにおける実施事例の数量の推移を見てきた。この点を踏まえた上で、再び唐代における婚姻に基づく外交政策の事例件数について見てみよう。

本章のはじめに挙げた表1⑮の事例は、『旧唐書』巻一三〇　関播伝に、ウイグルが唐へ和親を求めたことを伝えて、

　廻紇の和親を請うに、咸安公主を以て可汗に出降せしむ。

とあるものである。ここでは、和親締結の際、和蕃公主の降嫁が行われている。

このように、唐代において行われた和蕃公主の降嫁は一六件であり、これ以前の時代における事例件数、すなわち、漢代の六件、五胡十六国時代の六件、代国および北朝の時代の一五件、隋代の五件を上回るものである。また、五胡十六国時代から北朝の時代と同様に近隣諸国王女の入嫁も一件見られる。つまり、唐代においては、これまでの五胡十六国時代から北朝の時代、そして隋代で見られた流れがより一層強まった結果、歴代王朝のなかで最も盛んに和蕃公主の降嫁が外交の重要な政策として行われたといえよう。

第六節　五代十国時代および北宋における和蕃公主の降嫁の事例件数

このように五胡十六国北朝隋唐期に盛行してきた和蕃公主の降嫁は、次の五代十国時代から北宋へ至ると、以前の後漢魏晋南朝の時代と同様に再びほとんどその事例を見なくなるのである。表11は五代十国時代に行われた和蕃公主の降嫁の事例を年代順に示したものである。

表11　五代十国時代における和蕃公主の降嫁の事例

	年代	出自	降嫁先	出典
①	乾亨七（九二三）年	南漢 烈宗女 増城県主	大長和国 鄭旻	『新五代史』巻六五 南漢世家 劉隠伝

表11①の事例は、『新五代史』巻六五 南漢世家 劉隠伝に、乾亨七（九二三）年、大長和国の鄭旻が遣使してきたときのこととして、

是の歳、雲南の驃信（君長）の鄭旻 遣使して朱鬃白馬を致し、以て求婚す。使者自ら皇親の母弟・清容布爕兼理・賜金錦袍虎綾紋攀金装刀・封帰仁慶侯・食邑一千戸・持節の鄭昭淳と称す。昭淳学を好みて文辞有り。（劉）龑（高祖）与に游宴して詩を賦し、龑及び群臣は皆な逮ぶこと能わず。遂に隠（烈宗）の女の増城県主を以て旻に妻わす。

とあるものである。史料上の雲南とは南詔の後継である大長和国のことである。このとき、大長和国の求婚を受け、南漢から鄭旻へ烈宗の女である増城県主を降嫁したことがわかる。ここでは、先の唐代において最も盛んに和蕃公主の降嫁が外交の重要な政策として行われたこととは大きく異なり、その事例がわずか一件のみにとどまっていることが注目される。

第七節　漢から宋における和蕃公主の降嫁の数量的な推移

以上、漢から宋までの各時代ごとに、婚姻に基づく外交政策の事例がそれぞれいかなる程度実施されているのかという数量的な側面について見てきた。ではここで、各時代ごとに、和蕃公主の降嫁および近隣諸国王女の入嫁、すなわち、婚姻に基づく外交政策が何年に一回の割合で行われたのかという比率を表12に示してみよう。

表12　各時代における婚姻に基づく外交政策が行われた割合

時代		存続年間	事例	件数	割合
漢代	前漢	前二〇六～八年	和蕃公主の降嫁	六件	約三五年に一回
	後漢	八～二二〇年	なし	〇件	なし
		前二〇六～二二〇年	計	六件	約七〇年に一回
魏晋南朝の時代		二二〇～五八九年	なし	〇件	なし
五胡十六国時代		三〇四～四三九年	他の勢力へ女を嫁がせた	六件	約二二年半に一回
			他の勢力の女を娶った	二件	約六八年に一回
			計	八件	約一七年に一回
代国および北朝の時代		三一五～五八一年	和蕃公主の降嫁	一五件	約一八年に一回
			近隣諸国王女の入嫁	一四件	約一九年に一回
			計	二九件	約九年に一回
隋代		五八一～六一八年	和蕃公主の降嫁	五件	約七年半に一回
唐代		六一八～九〇七年	和蕃公主の降嫁	一六件	約一八年に一回
			近隣諸国王女の入嫁	一件	約二九〇年に一回
			計	一七件	約一七年に一回
五代十国時代および北宋		九〇七～一一二七年	和蕃公主の降嫁	一件	約二二〇年に一回

表12からわかるように、前漢に始まった和蕃公主の降嫁は、後漢になるとその事例を見なくなる。続く魏晋南朝の時代においてもその事例は存在せず、後漢の傾向が魏晋南朝の時代へも受け継がれている。一方、それとほぼ同時期の五胡十六国時代から北朝の時代において、和蕃公主の降嫁は漢代よりも盛んに行われるようになり、同時に近隣諸国の王女が中原王朝へ嫁ぐという漢魏の時代には全く見られることのなかった事例すら盛んに見られるようになった。さらに、隋唐時代に至ると五胡十六国時代から北朝の時代において見られた流れがより一層強まり、最も盛んに和蕃公主の降嫁が外交の重要な政策として行われた。しかし、次の五代十国時代から北宋になると再びほとんどその事例を見なくなる。

以上、これまでの五胡十六国時代から北朝の時代そして隋代に見られた流れがより一層強まった結果、唐代において最も盛んに和蕃公主の降嫁が外交の重要な政策として行われたことを確認した。

小　結

第一章における考察をまとめると次のようになる。

① 和蕃公主の降嫁は前漢に始まったが、後漢になるとその事例を見なくなる。続く魏晋南朝の時代においてもその事例は存在しない。後漢の傾向が魏晋南朝の時代へも受け継がれている。

② これに対し、それとほぼ同時期の五胡十六国時代から北朝の時代において、和蕃公主の降嫁は漢代よりも盛んに行われるようになる。同時に近隣諸国の王女が中原王朝へ嫁ぐという漢魏の時代には全く見られることの

なかった事例すら盛んに見られるようになった。

③　さらに、五胡十六国時代から北朝の時代において見られた流れがより一層強まり、隋唐時代に至ると最も盛んに和蕃公主の降嫁が外交の重要な政策として行われた。

④　しかし、次の五代十国時代から北宋の時代になると再びほとんどその事例を見なくなる。

本章では、そもそも、なぜ唐代において最も盛んに和蕃公主の降嫁が行われたのかという問題について、従来この点を考察した先行研究が管見のおよぶ限り見受けられないということを踏まえ、考察対象とする時代を広げた。そして、まず、中原王朝によって行われた和蕃公主の降嫁および近隣諸国によって行われた王女の入嫁それぞれの実態について、漢から宋までの各時代ごとにこれらの事例がいかなる程度存在するのかという数量的な側面から追究した。

注

（1）　従来の研究において、隋唐では以前の北朝の時代とは異なり、公主降嫁は中原王朝側からしか行われていないとされている（布目潮渢氏前掲論文（序章前掲注（5））二九八頁、および、坂元義種氏前掲論文（序章前掲注（6））三〜五頁、日野開三郎氏前掲論文（序章前掲注（6））二三四頁、長沢恵氏前掲論文（序章前掲注（6））二六・三九〜四〇頁参照）。
しかし、『旧唐書』巻一九四上　突厥伝上に、聖暦元（六九八）年、突厥の黙啜可汗が自分の女を唐（当時は則天武后の即位によって周であったが、混乱を避けるために以下、周の場合も唐と記述することとする）側が娶るように申し入れてきたときのこととして、「黙啜表して則天の子と為らんことを請い、並びに女の有るを言い、和親を請う」とある。この突厥の求めに対し、唐では黙啜可汗の女を娶り、突厥へ婿が嫁を迎えに向かうことが決定された。すなわち、同伝中に、先の史料に続いて次の記述が見られ、「其の年、則天 魏王の武承嗣の男の淮陽王の延秀をして、就ち其の女を納れて妃と為さしめ、右豹韜衛大将軍の閻知微に春官尚書を摂し、右武威衛郎将の楊斉荘に司賓卿を摂して遣わし、大いに金帛を齎し、送りて虜庭に赴かしむ。行きて黒沙南庭へ至る。黙啜 知微等に謂いて曰く「我が女は李家の天子の児に嫁がせて与えんと擬《はか》る。你は今、武家の児を将いて来たる。此は是れ天子の児なるや否や。我が突厥は積代已来、李家に降附す。今、李家の天子の種末は総て尽き、唯だ両児在るのみ有りと聞く。我は今、兵を将い、助けて立てんとす」と。遂に延秀等を収め、之を別所に拘う。偽りて号し、知微を可汗と為して之と衆十余万を率い、我が静難及び平狄・清夷等の軍を襲う。静難軍左玉鈐衛将軍の慕容玄崱 兵五千人を以て之に降る」とある。この記述によれば、このとき、突厥の求めに際して唐側の婿として選ばれた人物は、則天武后の甥である武承嗣の子の武延秀であったことがわかる。唐から突厥へ婿が嫁を迎えに向かったものの、武延秀は李家の者ではないとして黙啜可汗に捕らえられ、続いて突厥が唐へ侵攻したためにこの婚姻は成立しなかったという。しかし、ここで注目すべきは、突厥の求めに応じて唐が黙啜可汗の女を娶ることを一旦は決定していたという点である。

続いて、長安三（七〇三）年にも、黙啜可汗は再び自分の女を唐側が娶るように申し入れている。ただ、その後、突厥が唐へ侵攻したために婚姻は最終的には成立しなかった。しかし、この場合も不成立ではあったものの、先述した聖暦元（六九八）年の事例と同様、突厥の求めに応じて唐は黙啜可汗の女を娶ることを一旦は決定しているのである。すなわち、同伝中に、そのことを伝えて、「黙啜 莫賀達干を遣使して女を以て皇太子の子に妻わせんことを請う。則天 太子の男の平恩王の重俊・義興王の重明をして廷立して之に見えしむ。黙啜 大臣の移力貪汗を遣わして入朝し、馬千匹及び方物を献じて以て許親の意を謝せしむ。則天 之を宿羽亭に於いて譙す。太子・相・王及び朝集使三品以上 並びに会に預り、重賜して以て之に遣わす。中宗 即位し、黙啜 又、霊州鳴沙県に寇す。霊武軍大総管の沙吒忠義 拒戦すること之を久しくするも、官軍は敗績し、死者は六千余人たり。賊は遂に進みて原・会等の州へ寇し、隴右の群牧馬万余匹を掠めて去る。忠義 坐して免ぜらる。中宗 制を下して其の婚の請うを絶つ」とある。

また、前掲表2①の事例にあるように、『新唐書』巻二一七上 回鶻伝上に、至徳元（七五六）年、ウイグルの葛勒可汗が自分の養女を章懐太子の孫である敦煌郡王の李承寀へ娶らせて和親を申し入れてきたときのこととして、「粛宗 即位す。使者 来たりて禄山を討つを助けんことを請う。帝 詔して敦煌郡王の承寀をして約に与からしめ、而して僕固懐恩をして王を送り、因りて其の兵を召さしむ。可汗喜び、可敦の妹を以て女と為し、承宗に妻わせ、渠領を遣わして来たり、和親を請わしむ。帝其の心を固めんと欲し、即ち虜女を封じて毗伽公主と為す。……帝因りて毗伽公主を冊して王妃と為し、承宗を宗正卿へ擢《あ》ぐ」とある。このとき、唐はウイグルの女を毗伽公主へ、さらにその後は王妃へ封じていることがわかる。

以上の考察により、隋唐ではそれ以前の北朝の時代に存在するような、近隣諸国から中原王朝への王女の入嫁は見られないとする従来の見解に修正が加えられるべきことが明らかとなった。

(2) 漢代の事例に見られる翁主とは、『漢書』巻一下 高帝紀の如淳の注によれば、諸王の女とある。これは本書で扱う公主と語自体は異なるものの、近隣諸国へ降嫁されて果たす役割は同じであるためにここでは同様に扱うこととする。

(3) 『後漢書』本紀一下 光武帝本紀一下 建武二二(四六)年の条など参照。

(4) 従来、北燕は漢人によって建国された国家であるとの認識がなされている。しかし、近年、内田昌功氏は、「北燕馮氏の出自と『燕志』、『魏書』」(『古代文化』第五七巻 第八号 二〇〇五年)において、馮氏を鮮卑あるいは東北諸族の出自であるとされている。本書では、この論の是非について言及することはしないが、五胡十六国時代の諸国において、他の勢力と婚姻関係を結んでいるのは北燕と前涼以外、すべて非漢民族によって建国された国家である。このことを踏まえれば、外交における婚姻が前漢のものとは異なった独自の要素を有していたとする筆者の理解に支障をきたすことはないであろう。

(5) 『漢書』巻四三 婁敬伝に、高祖劉邦五(前二〇二)年、婁敬が劉姓を賜ったときのこととして、「姓劉氏を賜い、拝して郎中と為り、号して奉春君と曰う」とある。

第二章　漢魏晋南朝の時代における和蕃公主の降嫁

はじめに

第一章で明らかにした点は以下の通りである。すなわち、前漢に始まった和蕃公主の降嫁は、続く後漢魏晋南朝の時代になるとその事例を見なくなる。一方、五胡十六国時代から北朝の時代において、和蕃公主の降嫁は漢代よりも盛んに行われるようになる。さらに、隋唐時代へ至るとその流れがより一層強まり、最も盛んに和蕃公主の降嫁が外交の重要な政策として行われた。

このように、唐代に限らず通時的に見てみると、和蕃公主の降嫁には消長現象が生じており、各時代それぞれの時代性なり特色なりといったものが存在していることがうかがえる。とすれば、和蕃公主の降嫁が各時代のありかたといかにかかわっていたのか、また、いかなる変容を遂げていったのかという疑問が生じよう。その際、まず検討しなければならないのは、そもそも前漢に始まった和蕃公主の降嫁が、なぜ続く後漢魏晋南朝の時代においてその実施を見なくなるのかという点である。第一章では、和蕃公主の降嫁を数量的な側面からのみ追究したためにそうした現象の存在を指摘するにとどまっている。このため、なぜこのようなことが生じているのかというよって来たる原因については考察するに至っていない。また、先行研究では、最も盛んに和蕃公主の降嫁の行われていた隋唐時代を考察の中心としたものがほとんどであり、和蕃公主の降嫁の消長現象についてはいまだ充分な説明がなされていないといえよう。

本章では、以上述べたような問題意識に基づき、①前漢において和蕃公主の降嫁はいかなる場合に行われたのか、②続く後漢魏晋南朝の時代において、なぜ和蕃公主の降嫁が見られなくなるのかということを考察する。それによって、和蕃公主の降嫁が各時代のありかたといかにかかわっていたのか、また、いかなる変容を遂げていったのかという従来では論じられることのなかった消長現象の原因について追究する。

第一節　前漢における和蕃公主の降嫁

本節では、中原王朝として初めて和蕃公主の降嫁を行った前漢が、いかなる意識・意図のもとにそれを行っていたのかについて見てみる。

周知のように、前漢にとって最大の脅威となった近隣諸国は北方の匈奴であった。高祖劉邦が天下を統一したとき、すでに匈奴は強大化しており、武帝期の初めに至るまで匈奴優位の状況が続いていた。しかし、武帝はそのような状況を転換するため、国力の充実を背景として匈奴へ攻撃を加え、さらに、これを挟撃するために西域諸国との連携をも進めるようになる。前漢のこうした攻勢を受け、匈奴は分裂・弱体化の傾向を強めていくこととなる。宣帝期になると、遂にその一勢力である呼韓邪単于が前漢へ服属する方針を採るに至り、前漢はこれを受けて呼韓邪単于の勢力を漢の外藩国となすに至る。本節で取り扱う和蕃公主の降嫁も、以上の対匈奴関係の流れに沿うかたちで展開されたといえる。このことを、まず武帝期以前におけるその実態および変容について明らかにしてみよう。

高祖劉邦七（前二〇〇）年、白登において匈奴の大軍に包囲され、危うく死地を脱した高祖劉邦は、劉敬を遣わして匈奴と和親することとした。先に挙げた史料であるが、『漢書』巻九四上 匈奴伝上に、高祖劉邦九（前一九八）年のこととして、

是に於いて、高祖 之を患い、乃ち劉敬をして宗室の女の翁主を奉じて単于の閼氏と為さしめんとす。歳ごとに匈奴に絮繒・酒・食物を奉ずること各々数有り、約して兄弟と為り、以て和親す。冒頓 乃ち少しく止む。

とある。このときの和親においては、前漢から匈奴の冒頓単于に対して和蕃公主を降嫁することが取り決められ（前掲表3①の事例）、それ以降、武帝期に至るまで「故約」というかたちで両国間に存在し続けることとなる。

しかし、匈奴はこのように前漢と和親したにもかかわらず、しばしば国境地帯へ侵攻することをやめなかった。例えば、同伝中に、文帝即位の際、匈奴の侵攻を受けたことを伝えて、

孝文（文帝）即位するに至り、復た和親を修む。其の三（前一七一）年夏、匈奴の右賢王 河南の地に入居して寇を為す。

とある。そして、このときも高祖劉邦のときと同様に和蕃公主の降嫁が行われている。すなわち、同伝中に、文帝六（前一七四）年のこととして、

老上稽粥単于（冒頓の子）初めて立ち、文帝復た宗人の女の翁主を遣わして単于の閼氏と為さしめ、宦者の燕人の中行説をして翁主に傅たらしむ。

とある（表3②の事例）。また、同伝中に、景帝五（前一五二）年のこととして、

是より後、景帝復た匈奴と和親し、関市を通じ、単于に給遺し、翁主を遣わすこと故約の如くす。

とある（表3③の事例）。この際、「翁主を遣わすこと故約の如くす」とあることは注目される。この「故約」が、高祖劉邦のときの約および文帝のときの約、いずれに基づいているのかについては定かではないが、景帝以前の時点で、和蕃公主の降嫁が「故約」であると認識されている状況にあったことは注目すべきであろう。

ところで、高祖劉邦のとき、初めて匈奴へ降嫁することとなった和蕃公主の選定には若干の紆余曲折があった。すなわち、同書 巻四三 劉敬伝に、そのときのことを伝えて、

当に是の時、冒頓単于の兵は彊く、控弦四十万騎は数々北辺を苦しむ。上之を患い、敬に問う。敬曰く「天下は初めて定まり、士卒は兵革に罷れ、未だ武を以て服すべからざるなり。冒頓父を殺して代りて立ち、群母を妻とし、力を以て威と為し、未だ仁義を以て説くべからざるなり。独り計を以て子孫を久遠に臣と為すべきのみ。然れども陛下は恐らく為すこと能わず」と。上曰く「誠に可なれば、何ぞ為すこと能わざらんや。顧て為すことといかん」と。敬曰く「陛下の誠によく以て長公主を適がせ、単于に妻わせて厚く奉じ、之に遺

れば、彼は漢の女の送ること厚きを知り、蛮夷は必ず慕い、以て閼氏と為さん。子の生るれば必ず太子と為り、単于に代らん。なんとなれば、漢の重幣を貪るなり。陛下は歳時に漢の余る所にして彼の鮮なき所を以て数々問遺し、弁士をして風諭せしむるに礼節を以てせよ。冒頓在りては固より子婿たり。死すれば外孫の単于と為る。豈に曾て（外）孫の敢えて大父と礼を亢することを聞かんや。戦うことなくして以て漸く臣とすべきなり。若し陛下の長公主を遣わすこと能わず、而して宗室及び後宮をして公主と詐称すれば、彼も亦た知りて肯て近きを貴ばず、無益なり」と。上曰く「善し」と。長公主を遣わさんと欲す。呂后泣きて曰く「妾には唯だ以て一太子・一女のみ、いかんぞ之を匈奴に棄てんや」と。上竟に長公主を遣わすこと能わず、而して家人の子を取りて公主と為し、単于に妻わす。敬をして往きて和親の約を結ばしむ。

とある。これによれば、そもそも劉敬は匈奴を懐柔するために皇帝の実の女（真公主）を降嫁することが必須であると提言したものの、自らの女を差し出すことへ強い抵抗を示した呂后の反対を受け、高祖劉邦は最終的に家人の子を仮公主として降嫁を決定している。そして、その後の文帝・景帝期においても、先に見たように降嫁された人物はすべて家人の子である仮公主であった。こうして決定した和蕃公主の出自について、堀敏一氏は、「ただ後世ではおくられた人物の素性もだいたい明らかなのであるが、最初の漢代の場合、宗室女公主（または翁主）というばかりで、実際には何という人物がおくられたのか記録がない。おそらく故意に記録しなかったのであろう」とされている。(1) 前漢と匈奴との和親には、侵攻を繰り返す匈奴へ有利ないわば不平等条約ともいうべき性格が濃厚にあらわれている。また、高祖劉邦九（前一九八）年の取り決めをはじめとし、「故約」に従って降嫁されたすべての和蕃公主に関する出自の記録が存在していない。それらのことは、当時の和蕃公主の降嫁が、匈奴を懐柔するためにやむをえず行われたいわば屈辱的ともいうべきものであったことを示しているといえよう。

しかし、武帝期に入ると、和蕃公主の降嫁にはこれまでとは異なる方向性が見られるようになる。すなわち、同書 巻六一 張騫伝に、張騫の建言を伝えて、

蛮夷は故地を恋い、又、漢物を貪る。誠に此の時を以て烏孫に厚く賂いし、招きて以て東のかた故地に居らしめ、漢の公主を遣わして夫人と為さしめ、昆弟を結び、其の勢い宜しく聴《したが》うべければ、則ち是れ匈奴の右臂を断つなり。

とある。当時、烏孫は西域諸国のなかにおける大国であったが、前漢と同様にしばしば匈奴の侵攻を受けていた。そうした状況を念頭に置けば、この張騫の建言は匈奴を弱体化させるために烏孫との提携をはかる目的でなされたものと考えられる。つまり、この場合の降嫁は、それ以前に行われていた匈奴を懐柔するためのものとはその目的において異なっていることがうかがえるのである。

このような張騫の建言を受け、前漢は烏孫に対して和蕃公主の降嫁を行うのであるが、この際にさらに注目すべきは、烏孫へ降嫁した和蕃公主の場合にその出自が明記されている点である。すなわち、同書 巻九六下 西域伝下に、元封六（前一〇五）年、烏孫の昆莫へ江都王の建の女である細君を降嫁したときのこととして、

江都王の建の女の細君を遣わして公主と為し、以て妻わす。

とある（表3④の事例）。また、同伝中に、元封年間（前一一一〜一〇五）、再び烏孫の岑陬へ楚王の戊の孫である解憂を降嫁したときのこととして、

公主死す。漢は復た楚王の戊の孫の解憂を以て公主と為し、岑陬に妻わす。

とあるのである[2]（表3⑤の事例）。これはいかなる理由によるものなのであろうか。史料が少ないために推測に頼らざるをえない。しかし、先述のごとく、それ以前、匈奴に対してやむをえず行っていた事例では和蕃公主の出自がすべて記録されていないことなどを踏まえれば、当時、前漢はこれら烏孫に対する和蕃公主の降嫁を屈辱的なものであるとは捉えていなかった可能性がうかがえよう。

一方、こうした事態を受け、匈奴は両国の関係を前漢初めの状況に戻すこと、つまり、和親して以前に定めた「故約」を守ることを前漢に対して強く求めるようになってくる。

すなわち、同書　巻九四上　匈奴伝上に、元封四（前一〇七）年、匈奴が和親を求めてきたのに対し、前漢の使者として遣わされた楊信が単于にまみえたときのこととして、

楊信　単于に説きて曰く「即し和親せんと欲すれば、単于の太子を以て漢に質と為せ」と。単于曰く「故約に非ず。故約は漢の常に翁主を遣わし、繒絮・食物を給いて品有り。以て和親すれば匈奴も亦た復た辺を擾さず」と。

とある。また、同伝中に、征和四（前八九）年、匈奴が前漢に対して両国の関係を前漢初めの状況へ戻すように強く求める内容の書状を送ったときのこととして、

単于遣使して漢に書を遺りて云えらく「南に大漢有り、北に強胡有り。胡は天の驕子なり、小礼して以て自ら煩わすことを為さず。今、漢と大関を闓《ひら》き、漢の女を取りて妻と為し、歳ごとに我に糵酒万石・稷米五千斛・雑繒万匹を給遺せんことを欲し、它は故約の如くせば、則ち辺相盗まず」と。

とある。先述のごとく、武帝の末年、匈奴は前漢の攻撃を受けてその勢力を弱体化させていた。しかし、先の史料には「故約」の遵守を求め、さらに、「匈奴も亦た復た辺を擾さず」・「則ち辺相盗まず」とあるように、自らの主体性を誇示した強圧的な表現が見られる。これは一見すれば、対前漢関係において、匈奴が依然として優位にあることを示しているかのようである。しかし、先述のごとく、当時、前漢は匈奴との戦いに数多くの勝利をおさめたことを背景に「故約」を破り、遂に単于の太子の入質を求めるまでに至っているのである。このことを踏まえれば、先に見た表現からは、かえって徐々に前漢におされつつあった匈奴の劣勢振りをうかがうことができるであろう。

宣帝期になると、匈奴は分裂・弱体化の傾向を一層強め、遂に呼韓邪単于が前漢へ服属するという事態が生じる。同書 巻九四下 匈奴伝下に、甘露元（前五四）年、呼韓邪単于がその臣下の建言を受けたことを伝えて、

呼韓邪 其の計に従い、衆を引きて南のかた塞に近づき、子の右賢王の銖婁渠堂を遣わして入侍せしむ。

とある。また、同伝中に、甘露三（前五一）年以降、しばしば呼韓邪単于自身が入朝したことを伝えて、

単于正月、天子に甘泉宮に朝す。漢の寵するに殊礼を以てし、位は諸侯王の上に在り、賛謁するに臣と称して名のらず。賜うに冠帯衣裳・黄金璽盭綬・玉具剣・佩刀・弓一張・矢四発・棨戟十・安車一乗・鞍勒一具・馬十五匹・黄金二十斤・銭二十万・衣被七十七襲・錦繡綺穀雑帛八千匹・絮六千斤を以てす。……呼韓邪単于復た入朝し、礼賜は初めの如くし、衣百一十襲・錦帛九千匹・絮八千斤を加う。

とある。このように、呼韓邪単于が前漢に対し、子を入質して自らも入朝し、遂に称臣するまでに至っていることは重要である[3]。なぜなら、これら一連の動きは明らかに前漢と匈奴との関係の一大転換を示すものであり、前漢へ服属する方針を採った呼韓邪単于に対し、前漢が採った方針は彼へ印綬を与えて外藩国とするというものであったといえるからである。

当時、匈奴においては勢力の分裂が生じており、呼韓邪単于の兄も自立して郅支単于と称していた。しかし、その彼も前漢に対し、子を入質して奉献する道を選んでいた。この際に興味深いことは、同伝中に、甘露四（前五〇）年、呼韓邪・郅支両単于が遣使したときのこととして、

両単于倶に遣使朝献す。漢は呼韓邪の使を待して加うること有り。

とあるように、前漢が呼韓邪単于の方を優遇する対応を行っていることである。匈奴に対する「夷を以て夷を制

す」という分断策が効果を発揮していることを見ることができる。

これ以降、郅支単于はその勢力を西域諸国へのばし、前漢へ従っていた大宛（フェルガナ）などを攻撃し始めるが、結局、建昭三（前三六）年、前漢に滅ぼされるに至るのである。

このように、前漢の対匈奴関係は前漢の優位のもとに一応の安定を迎えるが、では、和蕃公主の降嫁はいかに展開したのであろうか。この点について見てみよう。やや結論的にいえば、それは郅支単于の滅亡以降、元帝期へ至って呼韓邪単于が三度入朝した際に行われるのみとなる。そして、このとき、呼韓邪単于は自ら前漢へその婿となることを願い出ているのである。同伝中に、竟寧元（前三三）年、そのことを伝えて、

単于復た入朝し、礼賜は初めの如くし、衣服・錦帛絮を加え、皆な黄龍の時より倍たり。単于自ら言えらく、漢氏に婿たりて以て自ら親しまんことを願う。元帝 後宮良家の子の王嬙、字は昭君を以て単于に賜う。

とある（表3⑥の事例）。このとき、呼韓邪単于へ降嫁した人物が表題にも掲げた王昭君である。ここで注目すべきは、そのときに降嫁した王昭君の出自が後宮の出身であることである。先述のごとく、これ以前の事例に見られた降嫁はすべて宗室の女であった。一方、王昭君は現存の史料では公主へ封じられたことすら確認できない。おそらく彼女は公主へ封じられることはなかったのであろう。つまり、前漢へ服属した呼韓邪単于が自ら前漢へその婿となることを願い出た際、彼へは公主へ封じられてはいない後宮の女性が降嫁されたのである。では、そのことは何を意味しているのであろうか。

武帝期に烏孫に対して実施されて以降、前漢における和蕃公主の降嫁はこの一事例のみにとどまる。これまで考

察してきたことを踏まえれば、それは、当時の前漢が降嫁政策により、最早、以前のように匈奴を懐柔することも、また、第三国と提携して匈奴を弱体化させることを追求する必要もないほど、国威を保つようになっていたことによるとすべきであろう。

第二節　後漢魏晋南朝の時代における和蕃公主の降嫁

前節では、前漢において、そもそも匈奴を懐柔する目的でやむをえず行われた屈辱的な和蕃公主の降嫁が、のちに前漢の優位性を追求する意図を有した外交政策へと展開していったこと、および、王昭君の降嫁の段階へ至ると当初の様相は全く失われていることなどを明らかにした。

本節では、このことを踏まえつつ、続く後漢そして魏晋南朝の時代における場合について順に見てみることとする。

まず、後漢についてである。周知のように、後漢にとって脅威となった近隣諸国は、軍事的な対応に迫られた匈奴などの遊牧民族と西羌などの域内民族であり、ついで西域のオアシス都市国家群であった。後漢がこれら勢力に対して採った外交政策を通観するとき、第一章で述べたように、前漢とは異なり、そこに和蕃公主の降嫁の実施事例が見受けられないことは注目される。そのため、和蕃公主の降嫁政策の有する意味について明らかにすることは至難である。よって、視点を変え、後漢の近隣諸国に対する外交政策がそもそもいかなるかたちで行われていたのかというその全体像について明らかにすることを通じ、この問題の解明を目指すこととする。

後漢時代、匈奴は南北へと分裂して南匈奴は漢へ服属することとなる。そのことは、内田吟風氏の詳細な研究によってすでに明らかとされている[4]。前節で述べたように、後漢時代の南匈奴は藩属化の方向を一層強めていったが、前漢時代とは異なり、呼韓邪単于の入朝の際に見られたような降嫁は見出せない。このことは史料の欠落によって生じたとも考えられるが、後漢時代の南匈奴にかかわる史料の総量は決して少ないとはいえない。にもかかわらず、降嫁事例は見出せないのである。よって、和蕃公主の降嫁実施が存在しなかったと考えてよいであろう。では、南匈奴と対立した北匈奴の場合はどうであろうか。先に挙げた史料であるが、『後漢書』列伝七九 南匈奴列伝に、永平六（六三）年、北匈奴が後漢へ和親を求めたときのこととして、

時に、北匈奴は猶お盛んにして数々辺に寇す。朝廷は以て憂いと為す。会々、北単于の合市せんと欲し、遣使して和親を求む。顕宗 其の交通し、復た寇を為さざらんことを冀いたれば、乃ち之を許す。

とあり、このとき、両国間で合市（互市）の行われたことがわかる。そのように、北匈奴は一度は後漢と和親したものの、以降も南匈奴との戦闘を繰り返しつつ、後漢の国境地帯へも侵攻している。こうした状況において、後漢の外交方針は一貫して南匈奴との関係を重要視するものであり、最終的に、永元四（九二）年、北匈奴は後漢と南匈奴との連合軍に滅ぼされるに至る。つまり、後漢もまた前漢の際に呼韓邪・郅支両単于に対して採られた「夷を以て夷を制す」の政策を踏襲し、匈奴の制御に成功しているのである。前節で述べたように、前漢のとき、呼韓邪単于に対しては降嫁が行われたものの、郅支単于に対しては降嫁が行われることはなかった。また、呼韓邪単于の際の降嫁は漢初や武帝期の事例とは異なり、入朝入質の上で称臣する単于へのいわば恩寵ともいうべき性格のものへと変容していた。とすれば、後漢時代の史書に北匈奴への降嫁事例が見出せないことも単なる史料の欠落による

ものではなく、そもそもこうした政策が採られなかったためと断ずるべきであろう。

同様のことは、匈奴よりも時期が遅れて勢力を拡大しつつあった烏桓・鮮卑および西羌、また、後漢と匈奴とがその支配を巡って争った西域諸国の場合にも見られる。(5) すなわち、後漢は近隣諸国を懐柔および牽制する必要性に迫られた際、それらの君長を冊封して印綬を与え、財物を贈り、互市を行うことなどによって対応し、和蕃公主を降嫁することはなかったのである。

では、続く魏晋南朝の時代においてはどうであろうか。第一章で述べたように、当該時代においても、和蕃公主の降嫁が行われたことを示す史料は管見のおよぶ限り見受けられない。(6) よって、ここでも、魏晋南朝の時代の近隣諸国に対する外交政策がいかなるかたちで行われていたのかについて明らかにすることを通じ、和蕃公主の降嫁政策にかかわる問題の解明を目指すこととする。

周知のように、邪馬台国などの例を挙げるまでもなく、魏晋の各政権はそれぞれ近隣諸国の君長を冊封して印綬を与えていた。西晋の滅亡以降、江南へと逃れた東晋に対しても、北方および西方に群立した諸政権、例えば後涼や仇池の楊氏政権などがしばしば服属を申し出ることがあった。そうした動きに対し、東晋はそれら諸政権へ官爵を与えるなどの対応を行っている。続いて、宋魏の対立する南北朝時代を迎えるが、このとき、両者は絶えず戦闘していたわけではなく、使節などの往来も頻繁に行われており、このような両者間の交流を示す史料も数多く存在する。南北朝間の外交使節について研究された堀内淳一氏は、当該時代における使節の派遣回数は両朝あわせて二百回以上にのぼり、ほぼ毎年一往復に近いペースで行われていたとされている。(7) 例えば、『魏書』巻九七 劉裕伝に、延和三（四三二）年九月、宋の文帝が北魏へ象を贈ったときのこととして、義隆（文帝）趙道生を遣わして馴象一を貢ぜしむ。

とある。また、『宋書』巻九五 索虜伝に、元嘉二七（四五〇）年のこととして、

（拓跋）燾（太武帝）員外散騎侍郎の王老寿を遣わして駅に乗じ、太祖（文帝）に就きて黄甘を乞わしむ。太祖は甘十簿・甘蔗千挺を餉り、並びに就きて馬を求む。

とある。さらに、同伝中に、元嘉二九（四五二）年、孝武帝が即位したときのこととして、

世祖（孝武帝）即位す。索虜の互市を求む。江夏王の義恭・竟陵王の誕・建平王の宏・何尚之・何偃は以て宜しく許すべしと為す。柳元景・王玄謨・顔竣・謝荘・檀和之・褚湛之は以て宜しく許すべからずと為す。時に遂に之と通ず。

とある。こうした遣使の往来には、多くの場合に両国間での互市がともなっていた。つまり、当該時代、南北間でしばしば交流があり、それは、使節交換・財物贈与・互市などによって行われている。しかし、後漢魏晋に引き続き、いかなる場合も和蕃公主の降嫁の実施事例は見出せない。史料全量の多さから考えて、和蕃公主の降嫁事例が存在しないということは、そもそもこうしたことが行われなかったことを示すと考えて大過ないといえよう。

では、なぜ後漢へ至ると和蕃公主の降嫁が行われなくなり、それが引き続き魏晋南朝の時代においても継承され

ているのであろうか。次に、この点について考えてみよう。『後漢書』列伝五五　皇甫規列伝に、延熹年間（一五八〜一六七）、中郎将であった皇甫規が西羌へ賄賂を贈ったと誣告された際、上疏したときのこととして、

規免れざらんことを懼れ、上疏して自ら訟えて曰く「……就ち臣の愚惑にして信に言う者の如くなるとも、前世は尚お匈奴に遺るに宮姫を以てし、烏孫を鎮むるに公主を以てす。今、臣は但だ千万を費やすのみにして、以て叛きし羌を懐けしむ。則ち良臣の才略にして、兵家の貴ぶ所なり。將た何の罪か有りて、義に負きて理に違わんや」と。

とある。ここで、彼は近隣諸国を懐柔することにおいて、前漢のときに行われた和蕃公主の降嫁よりも自らが行った財物贈与の方が優れているとしている。

また、『漢書』を著した班固は、同書　巻九四下　匈奴伝下賛において、

昔、和親の論は、劉敬より発す。是の時、天下は初めて定まり、新たに平城の難に遇い、故に其の言に従い、約して和親を結び、単于に賂遺し、以て辺境を救安せんことを冀う。孝恵（恵帝）・高后の時、遵いて而して違えざれども、匈奴の寇盗は衰え止むを為さず、而して単于は反て以て驕倨を加う。逮びて孝文に至り、与に関市を通じ、妻わすに漢の女を以てし、其の賂を増厚し、歳ごとに千金を以てすれども、而して匈奴は数々約束に背き、辺境は屡々其の害を被る。是を以て文帝の中年、赫然として憤りを発し、遂に躬ら従服し、親ら鞍馬に御し、六郡良家の材力の士を従え、馳せて上林に射し、戦陳を講習し、天下の精兵を聚め、広武に軍し、

顧みて馮唐に問い、与に將帥を論ず。喟然として嘆息し、古の名臣を思う。此れ則ち和親の無益なるは、已然の明効なり。

としている。つまり、彼は和蕃公主の降嫁のみならず匈奴と和親しようとする試みそのものが「無益」であり、夷狄は討伐をむねとすべきであるとしている。さらに、彼について『後漢書』列伝三〇下 班固列伝に、元和二（八五）年、北匈奴が和親を求めたときのこととして、

時に、北単于の遣使貢献し、求めて和親せんと欲す。詔して群僚に問う。……固議して曰く「竊かに自ら惟い思うに、漢は興りてより已来、世を曠しくして年を歴ね、兵は夷狄に纏い、尤も匈奴を事とす。綏御の方、其の塗は一ならず、或いは文を修めて以て之と和し、或いは武を用いて以て之を征し、或いは卑下して以て之に就き、或いは臣服せしめて而して之を致す」と。

とある。彼は前漢の匈奴への対応を「卑下」であると評している。このことは、先述の匈奴伝下賛において、前漢文帝期に採られた和蕃公主の降嫁のみならず和親そのものを「無益」であると評していることとあわせ考えれば、前漢において採られた和蕃公主の降嫁政策が誤りであるとする認識を彼が強く有していたことを示しているとされよう。先述のごとく、前漢初めには匈奴をおさえる力がなく、侵攻を受けても繰り返し匈奴と和親し、「故約」に従うというかたちで和蕃公主を降嫁せざるをえなかった。一方、彼が生きていた後漢の状況について見てみると、同書 列伝七九 南匈奴列伝に、建武六（三〇）年、後漢から匈奴へ使者を派遣したときのこととして、

始めて帰徳侯の劉颯をして匈奴に使いせしめ、匈奴も亦た遣使来献す。漢は復た中郎将の韓統をして報命せしめ、金幣を賂遺して、以て旧好を通ず。而るに単于驕り踞ぶりて、自ら冒頓に比え、使者に対して辞語悖慢なるも、帝之を待すること初めの如くす。初め、使命は常に通ずるも、而れども匈奴は数々盧芳と共に北辺を侵す。

とある。このように、後漢初めに匈奴は後漢に対して傲慢な態度を示し、北辺への侵攻を繰り返していた。しかし、のちに匈奴は南北へと分裂し、前漢時代よりも一層後漢への隷属化の方向性を強めたのである。一方、同伝中に、永平五（六二）年のこととして、

北匈奴の六七千騎、五原塞に入り、遂に雲中に寇して原陽に至る。

とある。また、同伝中に、その三年後の永平八（六五）年のこととして、

復た数々辺郡に寇鈔し、城邑を焚焼し、殺略すること甚だ衆し。河西の城門は昼も閉ず。帝之を患う。

とある。先述のごとく、北匈奴は永平六（六三）年に一度は後漢と和親したものの、以上の史料からは、その前後において後漢の国境地帯へしばしば侵攻していたことがわかる。こうした状況のなか、班固は和蕃公主の降嫁を含む匈奴との和親そのものを「無益」であるとする一方、匈奴を武力で従わせることが有効であるとしているのであ

る。これらのことをあわせ考えれば、後漢においては、和親することが近隣諸国に対して弱みを見せることとなり、逆に付け入れられてその侵攻を受けることなどにつながるという認識があったと考えられる。要するに、後漢では、近隣諸国に対してはこれを武力で従わせるべきであり、和蕃公主の降嫁を含む和親の試みそのものが「無益」であると捉えられていたのではないであろうか。

史料が少ないために推測に頼らざるをえないが、これと同様の認識はのちの三国や南朝においても見られるのである。例えば、『三国志』巻三五 諸葛亮伝に、建興七（二二九）年の条の裴松之注所引『漢晋春秋』に、諸葛亮の言を伝えて、

亮曰く「兵を頓めて相持し、坐して而して老いるを須ち、北賊をして計を得しむるは、算の上なる者に非ず。昔、孝文の匈奴に卑辞し、先帝の優に呉と盟すは皆な権に応じて変に通じ、弘く遠益を思い、匹夫の忿りを為す者に非ざるなり」と。

とある。このように、彼は前漢文帝期における匈奴への対応を「卑辞」したものであると捉えていたことがわかる。この「卑辞」の文言は、和蕃公主の降嫁そのものについて述べているわけではない。しかし、前漢の文帝の政策において、和蕃公主の降嫁は匈奴に対して和親を示す重要な要素であった。つまり、彼は前漢の文帝が採った降嫁政策を「卑辞」であると認識していたと理解しても大過ないであろう。

また、劉宋のとき、北魏から宋へ婚姻の求められたことがあった。『宋書』巻九五 索虜伝に、元嘉二七（四五〇）年、そのことを伝えて、

其の後、蠕又、遣使通好し、並びに婚姻を求むるも、太祖毎に之に依違す。

とある。ここで注目すべきは、その際に宋側の人物に次のような発言が見られることである。すなわち、同書 巻七一 江湛伝に、江湛の言として、

虜の遣使求婚す。上は太子劭以下を召して集議せしむ。衆は並びに宜しく許すべしと謂う。湛曰く「戎狄は無親なれば、之を許すは無益なり」と。……上曰く「北伐は自ら我が意なれば、江湛は但だ異ならざるのみ」と。

とある。彼が北魏を「戎狄」として「無親」であるとした上で、これとの婚姻を「無益」であると論じている。彼のそうした意見を受け、文帝も北伐を自身の意とした。結局、この意見が先述した索虜伝の記述に見えるように、宋側の婚姻拒否へとつながっているのである。そして、南進していた北魏に対して討伐を敢行するに至る。また、先述のごとく、この二年後の元嘉二九（四五二）年、両国間で互市が行われるのであるが、このとき、宋では北魏との互市について反対意見が数多く挙げられている。すなわち、同書 巻七五 顔竣伝に、顔竣の言として、

虜は彭城より北のかた帰り、復た互市を求む。竣議して曰く「愚の以為らく、虜と和親するの無益なるは、已然の明効なり。……昔年の江上の役は、乃ち是れ和親の招く所なり。稔を歴ねて交聘し、遂に国婚を求め、朝廷の羈縻の義、依違して絶えず。既に歳月を積み、漸く誣いるべからず。獣心は厭うこと無く、重ぬるに忿

怒を以てし、故に深く入るに至るなり」と。

とある。彼は北魏との和親を「無益」であるとした上で、その和親を行った結果、北魏から侵攻を受け、さらには婚姻をも求められる事態へ至ったとして理解しているのである。また、同書 巻八五 謝荘伝に、謝荘が北魏との互市へ反対意見を述べたときのこととして、

索虜の互市を通ぜんことを求む。上詔して群臣に博く議せしむ。荘議して曰く「臣愚の以為らく、獯獫は義を棄て、唯だ利のみ是れ視る。関市の請、或いは以て国を覘う。之に順いて弱きを示せば、柔遠を明らかにすること無し。距りて而して釁を観れば、強きを表すに足ること有り。且つ漢文の和親、豈に彭陽の寇に止まらんや」と。

とある。彼も、前漢文帝期の匈奴との和親が彭陽の侵攻（前一六七年に匈奴が現在の中国寧夏回族自治区呉忠市へ侵攻した事件）を招いたのみにとどまらなかったとして反対していることがわかる。このように、後漢と同様に南朝においても、北朝との婚姻のみならず和親そのものを否定する認識が存在していた。そして、南進していた北魏に対して討伐を敢行するに至るのである。

このように、後漢と同様に南朝においても、和親して和蕃公主の降嫁を行ったにもかかわらず、繰り返し匈奴の侵攻を受けた前漢初めの屈辱的な状況を踏まえていたことがわかる。そこでは、「無親」である北朝に対して和蕃公主の降嫁を行うことおよびこれと婚姻することを、夷狄・敵国に対して弱みを見せるものであると捉えるのみな

らず、和親そのものさえも「無益」であるとして否定する理解が存在していたのである。

以上で述べたことから、後漢時代の班固・三国時代の諸葛亮・劉宋時代の江湛らは、前漢文帝期における和蕃公主の降嫁を含む和親そのものが匈奴に対して「卑下」および「卑辞」したものであるという認識を有していたことが明らかなのである。

和蕃公主の降嫁事例そのものが存在しない後漢魏晋南朝の時代において、それがいかなるものとして捉えられていたのかについて明らかにすることは困難をともなう。しかし、以上で挙げたように、後漢・三国・劉宋に、それぞれ前漢で行われた和蕃公主の降嫁を含む和親政策の採用そのものを否定する史料がわずかながら存在する。このことと、後漢魏晋南朝の時代において和蕃公主の降嫁事例が全く見出せないこと、および、前漢においても和蕃公主の降嫁はやむをえない屈辱的なものであったとの認識が存在したことなどとをあわせ考えれば、そこには自然と次の想定が生まれるであろう。すなわち、和蕃公主の降嫁を「卑下」および「卑辞」したものであるとみなし、和親そのものすらも「無益」であるとして否定する理解が広範に存在していたことにより、当該時代にあっては和蕃公主の降嫁事例が見出せないという現象が生じている蓋然性が高いということである。

小　結

第二章における考察をまとめると次のようになる。

①　前漢初め、匈奴に対して和蕃公主の降嫁が行われたが、それは匈奴を懐柔するためにやむをえず行われたい

わば屈辱的ともいうべきものであった。しかし、武帝期に前漢の勢力が匈奴をしのぐようになると、和蕃公主の降嫁には匈奴の弱体化を目的に烏孫などの第三国との提携をはかるための外交政策としての性格があらわれる。そして、元帝期では、和蕃公主の降嫁において外交政策としての重要性がほとんど見られなくなり、わずかに公主にすら封じられていない後宮の女性である王昭君が降嫁した一事例が見出されるのみにとどまる。このことは、当時の前漢が、最早、以前のように匈奴を懐柔することも、また、第三国と提携して匈奴を弱体化させることも必要ないほどの国威を保有するようになったことに原因があると考えられる。

② 後漢へ至ると、前漢とは異なり、和蕃公主の降嫁事例は見出せなくなる。続く魏晋南朝の時代においても同様に皆無である。後漢では、前漢時代よりも一層、藩属化の方向を強めた南匈奴などの勢力が存在する一方、しばしば侵攻を企てる北匈奴などの勢力も存在した。にもかかわらず、和蕃公主の降嫁はかえって匈奴などの勢力を増長させ、外交政策として「無益」であるとする理解が示されるようになる。同様の認識は魏晋南朝の時代にも継承され、それは漢六朝期における漢民族王朝の一貫した傾向であったということができる。

本章では、第一章において、和蕃公主の降嫁件数を各時代ごとに数量的な側面から追究したことに加え、これが各時代のありかたといかにかかわっていたのか、また、いかなる変容を遂げていったのかという問題について考察する立場を取った。そして、従来、一般には論じられることのなかった、前漢に始まった和蕃公主の降嫁が、続く後漢魏晋南朝の時代においてその実施を見なくなる消長現象の原因を追究した。しかし、史料的な制約もあり、推断にとどまらざるをえない面もあった。第三章では、こうした私見をさらに確かなものとするため、本章までの考察を踏まえつつ、時代の重なる五胡十六国北朝時代における和蕃公主の降嫁の問題について考察することとする。

注

（1）堀敏一「匈奴と前漢との国家関係に関する考察」（『金啓孫先生逝世周年紀年文集』東亜歴史文化研究会 二〇〇五年 初出、『東アジア世界の形成』汲古書院 二〇〇六年）一八頁参照。

（2）『漢書』巻九六下 西域伝下に、元康二（前六四）年、烏孫からの求めによって解憂の一族である相夫を公主とし、三度烏孫へ和蕃公主の降嫁を行おうとしたが、烏孫内部の混乱によってその実現を見なかった事例も存在する。

（3）呼韓邪単于の称臣に関しては、岡安勇「匈奴呼韓邪単于の対漢「称臣」年代について」（『東方学』第八〇巻 一九九〇年）などに詳しい。

（4）内田吟風「南匈奴に関する研究 Ｉ 南匈奴の中国移住」（『史林』第一七巻 第四号・第一八巻 第一号 一九三二年 初出、『北アジア史研究 匈奴篇』同朋舎 一九七五年）参照。

（5）『後漢書』本紀四 和帝本紀、同書 列伝七七 西羌列伝、同書 列伝七八 西域列伝、同書 列伝七九 烏桓列伝、同書 列伝八〇 鮮卑列伝など参照。

（6）『晋書』巻三九 王浚伝に、晋の都督幽州諸軍事であった王浚が、鮮卑の務勿塵と蘇恕延とにそれぞれ自分の女を嫁がせたときのこととして、「時において、朝廷は昏乱し、盗賊は蜂起す。浚自安の計を為し、夷狄と結好し、女を以て鮮卑の務勿塵に妻わせ、又、一女を以て蘇恕延に妻わす」とある。魏晋南朝の時代でも、漢民族勢力と近隣諸国との間で婚姻が行われていることは確認できる。しかし、ここで鮮卑へ女を嫁がせているのは晋王朝ではなく、晋の一臣下であった王浚である。そのため、この事例を和蕃公主の降嫁と同様に捉えることはできないであろう。

（7）堀内淳一「馬と柑橘――南北朝間の外交使節と経済交流――」（『東洋学報』第八八巻 第一号 二〇〇六年）四・二四頁参照。

第三章　五胡十六国北朝の時代における和蕃公主の降嫁

はじめに

第二章で明らかにした点は以下の通りである。すなわち、前漢初め、匈奴に対して和蕃公主の降嫁が行われたが、それは匈奴を懐柔するためにやむをえず行われたいわば屈辱的ともいうべき政策であり、前漢の勢力が匈奴をしのぐにつれてその実施が避けられるようになる。続く後漢魏晋南朝の時代へ至ると、和蕃公主の降嫁はかえって近隣諸国を増長させるために「無益」な外交政策であるとする理解が示されるようになり、その実施事例は見出せなくなる。このように、まず、漢六朝期の漢民族王朝における和蕃公主の降嫁の実態と変容とについて追究した。

一方、魏晋南朝の時代と大きく重なる五胡十六国から北朝の時代においては、和蕃公主の降嫁事例が数多く見られるようになる。しかも、同時に近隣諸国の王女が中原王朝へ嫁ぐという漢魏の時代には全く見られることのなかった事例さえ数多く見られるようになる。すなわち、当該時代には婚姻に基づく外交政策が盛んに実施されたのである。第一章では、このように後漢魏晋南朝の時代と五胡十六国北朝の時代とにおける事例件数をそれぞれ数量的に比較・検討し、その相違について注目した。また、当該時代における和蕃公主の降嫁については、すでに坂元義種・布目潮渢氏らの研究があり、中国においても研究の蓄積がある。しかし、そこでは主に降嫁が生じた際の中原王朝と近隣諸国との勢力関係について検討されており、いまだやや巨視的な視点からの考察にとどまっていることは否めない。つまり、現段階においては、和蕃公主の降嫁のありかたがいかなる変容を遂げていったのかという個々の事例を通じた詳細な解明は、いまだ充分には行われていないのである。

例えば、五胡十六国北朝の時代における和蕃公主の降嫁は、前漢とは異なって盛んに実施されているが、そもそもこうした事例件数の相違はいかなる具体的な契機を経て出現したのかという問題について、従来の研究では全くふれるところがない。この問題を解明するためには、当該時代の和蕃公主の降嫁について、よりきめ細やかな考察を加えなければならないであろう。

また、前漢とは異なり、五胡十六国北朝の時代における和蕃公主の降嫁は、近隣諸国への支配を強化することをねらった政策であり、さらに、それがのちの隋唐では、はっきりと中国皇帝による近隣諸国への恩寵というかたちを示して行われるようになることがうかがえる。とすれば、こうした変容がいかなる時点で、かついかなる理由によって生じたのかが明らかにされなければならないであろう。さらに、五胡十六国北朝隋唐時代では、近隣諸国の王女が中原王朝へ嫁ぐ事例も存在し、このことは和蕃公主の降嫁の展開とかかわる蓋然性を有している。つまり、和蕃公主の降嫁がいかなる契機によって恩寵として行われるようになったのかについて解明するためには、当該時代における近隣諸国王女の入嫁の事例をも含め、各時代の特色および事例ごとの具体的な検討を加えなければならないと筆者は考えるのである。

本章では、以上述べたような問題意識に基づき、①これまで漢民族王朝においてその事例件数が減少していた和蕃公主の降嫁は、五胡十六国北朝の時代においていかなる契機から「再開」されるのか、②当該時代における和蕃公主の降嫁は、いかなる段階において政略結婚のレベルを超え、恩寵として捉えられるようになったのかという点について考察する。

第一節　北魏における和蕃公主の降嫁の「再開」

本節では、和蕃公主の降嫁が「再開」された北魏の場合について、それがいかなる意識・意図のもとに行われたのかについて見てみることとする。

（一）道武帝による和蕃公主の降嫁の改制

先に挙げた史料であるが、『魏書』巻二四　崔玄伯伝に、北魏初めのこととして、

太祖曾て玄伯を引きて漢書を講ぜしめ、婁敬の漢祖に説き、魯元公主を以て匈奴に妻わせんと欲するに至り、之を善しとし、嗟嘆すること良に久し。是を以て諸公主を皆な賓附の国に釐降す。朝臣子弟は名族美彦なりと雖も、焉に尚するを得ず。

とある。この記述から、北魏の道武帝は前漢の高祖劉邦が行った匈奴に対する和蕃公主の降嫁の事例を踏まえ、それにならっていることがわかる。第一章では、この記述に関し、五胡十六国から北朝の時代において和蕃公主の降嫁は前漢に行われた政策にならうということを建前としつつも、内実はこれとは異なった独自の要素に基づいて盛

んに行われ、漢代よりも婚姻が外交の重要な政策となっていたということを想定した。ここでは、さらに改めていくつかの点について注目したい。それは、①このとき、道武帝が前漢の和蕃公主の降嫁を「良策」であるとして採用している点、②それによって公主を「賓附の国」へ降嫁する一方、「朝臣子弟」へは降嫁しない方針を採っている点である。

では、まず論の展開の都合上、史料に見える「賓附の国」および「朝臣子弟」とは何を示すのかという具体的な分析を行い、続けて①から順にそれらの点が有する意味について考察することとする。

はじめに、「賓附の国」とは何を指すのであろうか。このとき、道武帝は近隣諸国から北魏へ来降してきた人物に対して公主を降嫁している事例が見受けられる。すなわち、同書 巻三〇 閭大肥伝に、柔然から閭大肥が来降してきたときのことを伝えて、

閭大肥 蠕蠕の人なり。太祖の時、其の弟の大渥倍頤と宗族とを率いて帰国す。太祖 之を善しとし、華陰公主に尚し、爵・其思子を賜う。……公主 薨じ、復た濩沢公主に尚す。

とあり、閭大肥へ華陰公主（道武帝の真公主[1]）・濩沢公主[2]が降嫁している。来降者へ公主の降嫁が行われたことの意味に関してはのちに詳しく述べるが、道武帝が近隣諸国の出身の人物に対して公主を降嫁していること、および、前掲の表8にあるように、道武帝以降の時代においても引き続き近隣諸国に対して公主を降嫁していることなどから、この「賓附の国」とは、北魏が自国へ付き従っているとみなしていた近隣諸国を指しているとして大過ないであろう。

次に、「朝臣子弟」とは何を指すのであろうか。先述の崔玄伯伝に見える和蕃公主の降嫁に関する道武帝の記述の後半部分には、それ以前の北魏では「朝臣子弟」に対して公主を降嫁していたのに対し、以降は実施されなくなったという新しい政策が伝えられている。では、これまでいかなる人物が公主の降嫁を受けていたのかといえば、同書 巻八三 賀訥伝に、

賀訥代の人、太祖の元舅にして、献明后の兄なり。……祖の紇始め国に勲有り、平文の女に尚す。父の野干成の女の遼西公主に尚す。

とある。これによれば、賀訥の祖父である賀紇は平文帝の女を、父である賀野干は昭成帝の女をそれぞれ娶っている。また、『魏書』の記述によれば、賀訥はじめ賀蘭部の指導者は北魏が建国される以前から拓跋部の臣下とされてはいるものの、その実態は拓跋部に匹敵する部族勢力であった。とすれば、この「朝臣子弟」とは、賀蘭部の指導者のように有力な部族勢力を指しているとして大過ないであろう。そして、道武帝はこのとき彼らを公主の降嫁対象から排除したのである。

以上、崔玄伯伝が示す内容の具体的な分析を行った。では、このことを踏まえた上で、まず①に見える、道武帝が前漢の和蕃公主の降嫁を「良策」であるとして採用したことの意味について考えてみよう。

先述のごとく、そもそも前漢での和蕃公主の降嫁は、王朝内において決して「良策」であるとして捉えられていたわけではなく、道武帝の理解とは大きくかけ離れていたのである。とすれば、なぜ北魏では漢魏晋南朝の時代とは異なり、和蕃公主の降嫁を「良策」であるとして実施するという逆転現象が生じたのであろうか。この点から、

当時の婚姻事例について検討してみれば、前掲の表6にあるように、北魏では先述した道武帝の記述以前の代国時代から、すでに他の勢力へその女を嫁がせていたことがわかる。例えば、先に挙げた史料であるが、表6④の事例は、同書 巻一 序紀に、建国七（三四四）年九月、昭成帝が前燕の慕容晃の女を娶るとともに烈帝の女を慕容晃へ嫁がせたときのこととして、

六年秋八月、慕容元真遣使して女を薦めんことを請う。……七年春二月、大人の長孫秩を遣わし、后の慕容氏元真の女を境に迎えしむ。夏六月、皇后の至ること和龍よりす。秋七月、慕容元真遣使して奉聘し、交婚を求む。帝之を許し、九月、烈帝の女を以て之に妻わす。

とあるものである。このとき、代国と前燕とは互いに女を嫁がせて娶り合っていたわけである。このように、代国時代からすでに他の勢力に対してその女を嫁がせており、先述した道武帝が前漢の和蕃公主の降嫁にならってこれを始めたとする記述とは食い違うのである。

さらに、前掲の表4にあるように、代国以外の五胡十六国の諸国においても、同様に他の勢力に対してその女を嫁がせていた。例えば、表4②の事例は、『晋書』巻一一五 苻登載記に、延初元（三九四）年、前秦の苻登が妹の東平長公主を西秦の乞伏乾帰へ嫁がせたときのこととして、

時に、登姚興の逼る所と為り、遣使して兵を請い、進めて乾帰を梁王に封じ、命じて官司を置き、其の妹の東平長公主を納れて梁王の后と為さしむ。乾帰其の前将軍の乞伏益州・冠軍の翟瑥を遣わし、騎二万を率い

て之を救わしむ。

とあるものである。このとき、苻登は軍事援助を求めるために東平長公主を乞伏乾帰へ嫁がせていることがわかる。

このように、北魏ではすでに代国時代から他の勢力に対してその女を嫁がせていた事例が存在し、同様の事例は五胡十六国の諸国においても見受けられる。当時、華北はいまだ分立状況にあり、諸国は自国の存続・発展のために軍事同盟を結ぶなどいわば政略結婚として他の勢力に対してその女を嫁がせていたのである。

以上のように、北魏はその建国以前からすでに他の勢力に対して女を嫁がせていたが、道武帝はこのときにその方針を改め、前漢において行われた政策であるかのようによみかえようとしていたことがうかがえる。そのように筆者が考えるのは、当時、北魏においては他にも鮮卑固有ともいうべき政策を、あたかも前漢で行われた事例としてよみかえようとした事例が見られるからである。すなわち、『魏書』巻三　太宗紀に、道武帝が長子の拓跋嗣（明元帝）を皇太子へ立てたときのこととして、

初め、帝の母の劉貴人 死を賜う。太祖 帝に告げて曰く「昔、漢の武帝将に其の子を立てんとして其の母を殺すは、婦人をして後に国政に与らしめ、外家をして乱を為さざらしめんが為なり。汝は当に統を継ぐべし。故に、吾は遠く漢武と同じくし、長久の計を為すなり」と。

とある。このとき、道武帝はそもそも北魏の故事とされていた皇太子の生母へ死を賜うという政策(3)を、前漢の武帝

が皇太子へ立てようとした皇子の生母である鉤弋夫人へ死を賜ったという事例(4)になぞらえ、前漢の制度を継承するという姿勢を示しているのである。

こうして、北魏では、他の勢力に対して女を嫁がせることがすでに建国以前から行われていたにもかかわらず、道武帝がそれを改めて前漢の「良策」にならうとしていることは、これらの実態がそもそもは中国におけるものとは異質なものであるとの認識が彼にあったことを推測させる。さらに、先述のごとく、彼は前漢の「良策」の採用により、以降は公主を近隣諸国である「賓附の国」に対しては降嫁する一方、北魏の「朝臣子弟」に対しては彼らが「名族美彦」であるといえども今後は公主を降嫁しないこととしたのである。道武帝は、このとき、漠北時代の慣行に淵源する他の勢力との間における婚姻システムをあたかも中国の制度であるかのごとく称した。さらに、それを帝権強化という視点から改制（以下、道武帝によって行われた婚姻システムを巡る制度の変更に関してこれを改制と称することとする）してそこに君臣関係を持ち込み、「名族美彦」すなわちそれ以前は拓跋部と同等の性格を有し、交婚の対象となっていた部族勢力の出身者をその対象から排除したのである。

（二）来降者への公主降嫁

一方、先述のごとく、道武帝は近隣諸国から北魏へ来降してきた人物に対しては公主を降嫁している。先述の閭大肥伝に加え、『魏書』巻三〇 宿石伝に、北魏建国の翌年の天興二（三九九）年、匈奴の劉衛辰の子である劉文陳が来降してきたときのこととして、

　文陳父子 闕に帰す。太祖 之を嘉し、宗女を以て妻わせ、奴婢数十口を賜い、拝して上将軍と為す。

とあり、劉文陳へ宗室の女が降嫁している事例が見出されるのである。

実際、こうした北魏における来降者への公主降嫁は、和蕃公主の降嫁と同様にすでに代国時代から行われていた。表13は代国時代に行われた来降者へ女を嫁がせた事例を年代順に示したものである。[5]

表13　代国時代における来降者へ女を嫁がせた事例

	年　代	出　自	来降者	出　典
①	建武元（三一七）年	平文帝女	匈奴 劉路孤	『魏書』巻一 序紀
②	昭成帝期（三三八〜三七六）後半	宗女	匈奴 劉庫仁	『魏書』巻二三 劉庫仁伝
③	昭成帝期（三三八〜三七六）後半	道武帝姑	匈奴 劉亢浬	『魏書』巻一三 皇后伝

例えば、表13①の事例は、同書 巻一 序紀に、建武元（三一七）年、平文帝が女を帰順してきた匈奴の劉路孤へ娶らせたときのこととして、

　其の従弟の路孤 部落を率いて内附す。帝 女を以て之に妻わす。

とあるものである。このように、北魏ではすでに代国時代から来降者へ女を嫁がせていた事例が存在する。先述のごとく、当時の華北はいまだ分立状況にあった。こうしたなか、強い勢力を有していた匈奴や柔然などから来降してきた人物に対して女を降嫁して彼らを取り込むことは、代国の君長にとって自国の勢力を強め、かつ、国内における自らの王権をも固めるものであったと思われる。

なお、先述の閭大肥や劉文陳らは、来降した際に官職を受けて北魏の臣下となっている。とすれば、このことは、道武帝による改制以降、北魏の「朝臣子弟」に対しては公主を降嫁しないこととしたという崔玄伯伝の記述と矛盾するとも考えられよう。しかし、改制を行った道武帝自身がしばしば来降者に対して公主を降嫁しているということは、彼らを「朝臣子弟」とはみなさず、むしろ「賓附の国」に属する人物であると捉えていたためではないであろうか。つまり、道武帝は、北魏の建国以降、近隣諸国である「賓附の国」およびそこから来降してきた人物に対しては公主を降嫁する一方、臣下である「朝臣子弟」に対してはこれを行わないこととしたのである。

これは何を意味するのであろうか。周知のように、道武帝は部族解散を行っている。その部族解散については、これまで数多くの先学によって様々な見解が提示されてきている。近年、松下憲一氏はそうした部族解散に関する研究史の整理を行われ、これらがいずれも拓跋部とは別の部族に関する記事であることをまとめた上で、部族解散によって道武帝を君長とする新たな部族連合体が編成され、北族社会が形成されていったとしている(6)。では、道武帝による部族解散と公主降嫁の改制との関連について考えてみよう。先述の賀訥伝には、賀訥の祖父である賀紇は平文帝の女を、父である賀野干は昭成帝の女をそれぞれ娶っている記述に続き、

其の後、諸部を離散し、土を分けて居を定め、遷徙するを聴さず。其の君長大人は皆な編戸を同じくす。訥

元舅たるを以て、甚だ尊重せらる。然れども統領無し。寿を以て家に終わる。

とある。この点について、松下氏は、拓跋部とは別の部族を「土を分けて居を定め」させ、道武帝の統率下へ再編したことを指すとしている(7)。

このことと、改制によって「名族美彦」に対する公主降嫁が停止されたこととをあわせ考えてみよう。すると、道武帝は部族解散を行い、諸部族長を自らの統率下へ再編するとともに、これまで行っていた彼らへの公主降嫁をも取り止めたこととなる。とすれば、そこには、これら二つの政策を同時に行うことにより、一層の帝権強化をはかるねらいがあったと想定されよう。

一方、先述のごとく、近隣諸国およびそこからの来降者に対しては引き続き公主を降嫁した。ひるがえって考えれば、賀訥はじめ賀蘭部の指導者の実態は拓跋部に匹敵する部族勢力であった。そして、部族解散とともに北魏の支配下へと組み込まれたのである。とすれば、北魏の建国以前の部族勢力と以降の部族勢力との間には、その実態に大きな変容が生じていることとなる。つまり、改制以降に行われた公主降嫁は、帝権強化を果たした道武帝から賜与される性格を有したものへと変容したといえよう。これは、和蕃公主の降嫁がのちに有するようになる恩寵という属性との関連で注目すべき事柄であるが、この点についてはのちに詳しく述べる。

ところで、先述の来降者に対する公主降嫁は、のちに南朝からの来降者に対しても盛んに行われている。表14は北魏で行われた南朝からの来降者への公主降嫁の事例を年代順に示したものである。

表14　北魏における来降者への公主降嫁の事例

	年代	出自	来降者	出典
①	和平六（四六五）年	武邑公主	宋 劉昶	『魏書』巻五九 劉昶伝
②	天安元（四六六）年	建興長公主	宋 劉昶	『魏書』巻五九 劉昶伝
③	皇興年間（四六七～四七一）	平陽長公主	宋 劉昶	『魏書』巻五九 劉昶伝
④	孝文帝期（四七一～四九九）	孝文帝妹 彭城長公主	宋 劉承緒	『魏書』巻五九 劉昶伝
⑤	正始元（五〇四）年	宣武帝姉 蘭陵長公主	宋 劉輝	『魏書』巻五九 劉昶伝
⑥	正始年間（五〇四～五〇八）	南陽長公主	南斉 蕭宝夤	『魏書』巻五九 蕭宝夤伝
⑦	孝明帝期（五一五～五二八）	孝明帝妹 建徳公主	南斉 蕭烈	『魏書』巻五九 蕭宝夤伝
⑧	建義元（五二八）年	孝荘帝姉 寿陽長公主	南斉 蕭賛	『魏書』巻五九 蕭賛伝

例えば、表14①の事例は、同書 巻五九 劉昶伝に、和平六（四六五）年、宋の文帝の子である劉昶が来降した際、武邑公主を娶ったときのこととして、

（劉昶）遂に母妻を委《す》て、妾の呉氏を携えて丈夫の服を作し、義を結ぶ六十余人を従え、間行して来降す。……武邑公主に尚し、侍中・征南将軍・駙馬都尉を拝し、丹陽王に封ぜらる。

とあるものである。また、表14⑥の事例は、同書 巻五九 蕭宝夤伝に、正始年間（五〇四〜五〇八）、南斉の明帝の子である蕭宝夤が来降してのちに南陽長公主を娶ったときのこととして、

中山王の英 南伐するに及び、宝夤 又、表して征を求む。乃ち使持節・鎮東将軍・別将と為し、以て英に継ぎ、羽林・虎賁五百人を配す。英と頻りに（蕭）衍の軍を破り、勝ちに乗じて遂に鐘離を攻む。……尋いで南陽長公主に尚し、帛一千匹を賜い、並びに礼具を給う。

とあるものである。

このように、当時、宋や南斉の皇族が北魏へ来降した際、盛んに公主を降嫁しているが、これはいかなるねらいのもとに行われた政策であるのであろうか。個々の事例におけるねらいの細部を明らかにすることはできない。しかし、先述してきたことを踏まえれば、大局的に見て、代王権から北魏帝権へとその質を変容させ、その結果、北魏帝権と相対するようになった南朝帝権の勢威をも取り込むことを通じ、北魏帝権の強化につとめようとするねら

いがうかがえるとして大過ないであろう。さらに、南朝からの亡命皇族に対しても公主を降嫁することにより、南朝帝権をも凌駕する帝権へと自己を変容させようとしたのである。この点は、劉昶や蕭宝夤らが北魏の臣下となるとともに征南将軍などへ任じられている例にあらわれているように、南朝攻略の前線へ配置されていることにも示されているといえよう。

第二節　和蕃公主の降嫁の恩寵化

前節では、建国以前から女を嫁がせていた政策を北魏の道武帝が改めて前漢の「良策」にならってよみかえ、これ以降は近隣諸国およびそこから来降してきた人物に対しては公主を降嫁する一方、臣下に対してはこれを行わないとしたこと、また、部族解散と連動しつつ、臣下に対する帝権強化をはかろうとしたことなどについて指摘した。そして、改制以降に行われた公主降嫁は、帝権強化を果たした道武帝から賜与される性格を有した政策へと変容したことについても言及した。

では、道武帝による改制を経てその性格を変容させた公主降嫁は、これ以降、いかに展開していくのであろうか。これまで、筆者は、五胡十六国および北朝の時代という北方から発祥した王朝において、和蕃公主の降嫁が漢民族王朝とは異なって盛んに行われた政策であったことを明らかにしてきた。また、やや結論的にいえば、当該時代における和蕃公主の降嫁は近隣諸国への支配を強化することをねらった政策であり、さらに、それがのちの隋唐では、はっきりと中国皇帝による近隣諸国への恩寵というかたちを示して行われるようになることがうかがえるのである。例えば、表題にも掲げた文成公主の場合について見てみよう。『旧唐書』巻一九六上 吐蕃伝上に、貞観一五

（六四一）年、唐の太宗が吐蕃の棄宗弄讃へ文成公主を降嫁したときのこととして、

（棄宗弄讃）親しき所に謂いて曰く「我が祖父の未だ上国と通婚する者は有らず。今、我は大唐の公主に尚するを得、幸いと為すこと実に多し。将に公主の為に一城を築き、以て後代に誇示せん」と。遂に城邑を築きて棟宇を立て、以て居処す。

とある（前掲表1②の事例）。このとき、棄宗弄讃が唐からの和蕃公主の降嫁を大きな栄誉であるとして喜んでいることがわかる。では、和蕃公主の降嫁は、果たしていかなる段階において政略結婚のレベルを超え、恩寵という色彩を有するようになったのであろうか。また、そうした変容に道武帝の改制はいかにかかわっているのであろうか。なお、先述のごとく、五胡十六国および北朝の時代には、近隣諸国の王女が中原王朝へ嫁ぐ事例も存在し、このことは和蕃公主の降嫁の展開とかかわる蓋然性を有している。よって、近隣諸国王女の入嫁の事例をも含め、五胡十六国の諸国・代国・北朝の諸朝における特色および事例ごとに具体的な検討を加え、和蕃公主の降嫁がいかなる契機によって恩寵として行われるようになったのかについて見てみることとする。

（一）　五胡十六国の諸国および代国の場合

まず、五胡十六国の諸国における場合について見てみる。例えば、先に挙げた史料であるが、前掲の表5②の事例は、『魏書』巻一〇三　蠕蠕伝に、太平六（四一四）年、北燕の馮跋が柔然の勇斛律の女を娶ったときのこととして、

馮跋斛律の女を聘して妻と為し、将に交婚を為さんとす。

とあるものである。これと前掲の表4④の事例とをあわせ考えれば、当時、北燕と柔然とは互いに女を嫁がせて娶り合っていたことが明らかとなる。

同様の現象は、代国においても生じていた。当時、前掲の表7にあるように、漢魏の時代には存在しなかった近隣諸国の王女、ここでは前燕の王女が代国へ嫁ぐ政策が採られている。例えば、表7①の事例は、同書 巻一 序紀に、建国二（三三九）年、昭成帝が前燕の慕容晃の妹を娶ったときのこととして、

慕容元真の妹を娉して皇后と為す。

とあるものである。これと前掲の表6④および表6⑤に見える諸事例とをあわせ考えれば、当時、代国と前燕とが互いに女を嫁がせて娶り合っていたことが明らかとなる。

このように、五胡十六国の諸国および代国においては、他の勢力に対して女を嫁がせると同時にその女を娶るということが頻繁に行われていたのである。それらについては、一見そこに上下関係が存在するかのような記述がなされているが、華北が分裂・抗争していたとき、そこに実質的な上下関係が現実に存在していたわけではない。それらの婚姻は、あくまでも政略結婚のレベルにとどまるものであったといって大過ないであろう。

（二）　北魏の場合

では、北魏の道武帝による改制以降、和蕃公主の降嫁はいかに実施されたのであろうか。また、近隣諸国王女の入嫁の場合はどうであろうか。例えば、前掲の表８①の事例は、『魏書』巻九五　赫連昌伝に、神䴥元（四二八）年、太武帝が夏の赫連昌へ始平公主を降嫁したときのこととして、

侍御史の安頡昌を擒う。世祖（太武帝）侍中の古弼を使わし、昌を迎えて京師に至らしめ、之を西宮の門の内に舎し、給うに乗輿の副を以てし、又、詔して昌を始平公主に尚し、常忠将軍・会稽公に仮し、封じて秦王と為す。

とあるものである。これによれば、太武帝は夏を破って赫連昌を捕らえ、彼へ官職を与えるとともに始平公主を降嫁していることがわかる。さらに、このとき、太武帝は同時に赫連昌の妹を娶ってもいる。前掲の表９③の事例は、『南斉書』巻五七　魏虜伝に、そのことを伝えて、

仏狸（太武帝）攻めて勃勃の子の昌を破り、勃勃の女を娶りて皇后と為す。

とあるものである。つまり、この際の交婚は、北魏側の戦勝という強い主導権のもとに行われたといえる。また、表８②および表９⑥の事例は、『魏書』巻一〇三　蠕蠕伝に、延和三（四三四）年、太武帝が柔然の呉提へ西海公主

を降嫁し、同時に彼の妹を娶ったときのこととして、

呉提上下徳に感じ、故に朝貢す。世祖厚く其の使を賓し、而して之に遣わす。延和三年二月、呉提を以て西海公主に尚し、又、使人を遣わして呉提の妹を納れて夫人と為し、又、進めて左昭儀と為す。呉提其の兄の禿鹿傀及び左右数百人を遣わして来朝し、馬二千匹を献ぜしむ。世祖大いに悦び、班賜すること甚だ厚し。

とあるものである。太武帝は呉提が北魏へ朝貢した際に互いに婚姻を結んでいる。同伝などによれば、当時、北魏は北燕・夏の討滅などを受け、柔然に対しても大きな打撃を与えており、ここに見える呉提の兄をはじめとした柔然の数百人にもおよぶ来朝はそのような背景のもとに実施されたのである。つまり、この交婚もまた先述した夏の場合と同様、北魏の主導権のもとに行われたといえるのである。

以上のように、道武帝による改制を経て太武帝の時代へ至るまで、北魏は積極的に他の勢力と交婚を行っていた。しかし、こうした交婚は、その主導権を北魏が握るという北魏による華北統一の進行する状況が色濃く反映していたといえるものであった。すなわち、北魏が華北を統一する過程において、和蕃公主の降嫁は五胡十六国時代的な交婚という性格を有しつつも、徐々に北魏主導の方向へと向かっていたと考えられるのである。一方、先述のごとく、道武帝の改制により、そこに君臣の上下関係が新たに持ち込まれ、和蕃公主の降嫁は帝権強化を果たした皇帝から賜与される性格を有する政策へと変容した。とすれば、先述のごとき太武帝の政策も、祖父である道武帝以降のこのような政策を受け継いでいると考えるべきであろう。なお、始平（表8①の事例）・西海（表8②の事例）両公主の出自に関する史料が管見のおよぶ限り見受けられないため、当時の和蕃公主における出自の判明しない者

と真公主との割合は五分である。しかし、もし始平・西海両公主が仮公主であったとしても、太武帝が道武帝の政策を受け継いでいるとすれば、太武帝による和蕃公主の降嫁政策は、後述する北魏の分裂以降のような、近隣諸国に対して真公主を降嫁することに抵抗が生じた状況とは異なるものであったといえよう。

では、華北の統一以降はどうであろうか。献文帝および孝文帝の時代に、それぞれ実施はされなかったものの、北魏と柔然との間で婚姻を結ぼうとした事例が存在する。すなわち、同伝中に、そのことを伝えて、

予成婚娉を通ぜんことを求む。有司は予成の数々辺塞を犯すを以て、其の使いを絶ち、兵を発して之を討たんことを請う。顕祖（献文帝）曰く「蠕蠕は譬うれば禽獣の如く、貪りて義亡し。朕当に信誠を以て物を待たんとするを要む。抑絶するべからざるなり。予成の知りて前非を悔い、遣使して和を請い、姻援を結ばんことを求む。いずくんぞ其の款意に孤くべけんや」と。……（太和）二（四七八）年二月、又、比抜等を遣わして朝貢し、尋いで復た婚を請う。高祖（孝文帝）志は招納して之を許すに存り。予成歳貢絶えずと雖も、款約を表せず、婚事も亦た停む。

とある。これによれば、当初、柔然の予成が侵攻を繰り返していたために北魏の朝廷には反対する意見もあったものの、最終的には柔然の二度にわたる求婚を受けて北魏がこれを許可したことがわかる。とすれば、それは従来の近隣諸国への支配強化を目的とし、北魏が盛んに行った婚姻とは微妙な相違を生じているといえる。つまり、柔然は当時の状況を踏まえて婚姻を結ぶにあたり、華北を統一して優位に立つ北魏へ求婚し、一方、北魏はそれを受けて許可する立場となってきているといえよう。

また、献文帝の時代、高句麗の王女を入嫁させようとした次のような事例も存在する。すなわち、同書 巻一〇〇 高句麗伝に、そのことを伝えて、

後に、文明（馮）太后 顕祖の六宮の未だ備わらざるを以て、（高）璉に勅して其の女を薦めしむ。璉 奉表し、女の已に出嫁せるを云い、弟の女を以て旨に応じんことを求む。朝廷 許す。乃ち安楽王の真・尚書の李敷等を遣わし、境に至りて幣を送らしむ。璉 其の左右の説に惑う。朝廷は昔、馮氏と婚姻し、未だ幾もならずして其の国は滅ぶ。殷鑑は遠からず。宜しく方便を以て之を辞すべしと云う。璉 遂に上書して妄りに女の死すと称す。朝廷 其の矯詐を疑い、又、仮散騎常侍の程駿を遣わして之を切責せしめ、若し女の審に死すれば、更めて宗淑を選ぶを聴す。璉 云いて「若し天子 其の前の愆ちを恕せば、謹みて当に詔を奉ぜん」と。会々、顕祖 崩じ、乃ち止む。

とある。このとき、北魏が高句麗に対してその王女入嫁を強く求めていることがわかる。坂元氏は、この点について、「北魏が高句麗との和親を望んだのは、高句麗を高く評価していたから」とされている。(8)

周知のように、高句麗は南北朝時代を通じ、北魏をはじめとした北朝や南朝の諸朝に入朝するという両面外交を展開して独自の路線を貫いた。しかし、それは例えば、北朝に取って代わり、中原の覇者となることを目指すという程度にまで強大なものではなかった。そのことは、先述の高句麗伝に、高句麗がその婚姻を通じて北燕の二の舞となることをおそれていたこと、および、表文の奉呈や北魏の皇帝を「天子」と称していることにあらわれており、その立場は外交の場面において北魏に対して臣礼を示す立場であった。この点より、五胡十六国時代の諸国が

対等の立場から交婚していた時代とは和蕃公主の降嫁を巡る状況の大きく変容してきていることがうかがえる。

一方、先述のごとく、当時、北魏は南朝からの来降者に対して盛んに公主を降嫁しており、そこには、華北統一を果たして相対する南朝帝権をも凌駕する帝権へと自己を変容させるねらいがあったと考えられる。さらに、これと関連し、先述した柔然の求婚事例における献文帝の言葉として、「蠕蠕は譬うれば禽獣の如く、貪りて義亡し」と見えるように、このとき、柔然を「禽獣」であると捉えている点が注目される。すなわち、北魏は自らを柔然に対して「中華」であると認識するに至っていたと考えられよう。すでに川本芳昭氏により、北魏が太武帝以降の時期から江南諸朝を貶称して「島夷」とよんでいたこと、および、遷都以降の洛陽に「四夷館」・「四夷里」を設置していたことなどが指摘されている。そして、孝文帝の時代には北魏を中心とする中華思想が形成され、また、漢人からも「北朝」という正統王朝として認識されるようになっていたことなども解明されている(9)。とすれば、当時の婚姻形態について、従来と同様に近隣諸国への支配強化を促す手段としてのみ捉えることはできない。むしろ、先述の事例で、柔然が婚姻を結ぶにあたり、華北を統一して優位に立つ北魏へと求婚し、北魏がこれを受けて許可したように、勢力の上下関係が生じたことを踏まえ、近隣諸国による中原王朝への求婚を受けてこれが許可されるようになっている状況がうかがえる。こうした現象が起こる原因として、道武帝の改制によって新たに持ち込まれた公主降嫁への君臣の上下関係が、当時の北魏を中心とする中華思想の形成にともない、より一層浸透したことが考えられよう。確かに、そのような婚姻を、後述の唐代における和蕃公主の降嫁のような、中国皇帝による近隣諸国への恩寵と全く同じであるとみなすこともできない。しかし、少なくとも、当時、後代における和蕃公主の降嫁に連なる婚姻のありかたが徐々に出現するようになってきていたということはうかがえよう。

以上のことをあわせ考えれば、北魏による華北の統一以降、近隣諸国との婚姻は政略結婚という側面を依然として有しつつも、北魏の優位が確立するにともなって近隣諸国との間に勢力の上下関係が生じ、それを踏まえ、近隣諸国による中原王朝への求婚を受けてこれが許可されるという恩寵への萌芽を徐々に見出すことができるといえよう。

(三) 東魏北斉・西魏北周の場合

このように勢力を伸張させた北魏であったが、六世紀には東西へと分裂し、華北は東魏北斉・西魏北周が並立する時代を迎えることとなる。当該時代も、北朝の諸朝は和蕃公主の降嫁および近隣諸国王女の入嫁を盛んに行っている。例えば、前掲の表8⑤および表9⑦の事例は、『北史』巻九八 蠕蠕伝に、大統三(五三七)年およびその翌年、西魏と柔然との間で互いに婚姻を結んだときのこととして、

東・西魏は競いて阿那瓌と結び、婚好を為す。西魏の文帝乃ち孝武の時の舎人の元翌の女を以て称し、化政公主と為し、阿那瓌の兄弟の塔寒に妻わせ、又、自ら阿那瓌の女を納れて后と為し、加うるに金帛を以て之を誘う。

とあるものである。このとき、西魏の文帝は阿那瓌の兄弟である塔寒へ化政公主を降嫁し、また、自らも阿那瓌の女を娶り、さらに皇后としている。

一方の東魏においても同様の事例が見受けられる。先に挙げた史料であるが、表8⑥の事例は、『魏書』巻一〇三 蠕蠕伝に、興和二(五四〇)年、東魏の神武帝が阿那瓌へ蘭陵公主を降嫁したときのこととして、

献武王 遣使して之に説く。阿那瓌 遣使朝貢して求婚す。献武王 方に四遠を招かんとし、常山王の妹の楽安公主を以て之を許し、改めて蘭陵公主と為す。瓌 遣わして馬千匹を奉じ、娉礼と為して公主を迎えしむ。詔して宗正の元寿をして公主を送り、北へ往かしむ。是より朝貢相尋ぐ。

とあるものである。このとき、神武帝は柔然が朝貢・求婚してきた際に阿那瓌へ蘭陵公主を降嫁しているように、史料上では東魏が柔然の朝貢・求婚を受け、あたかも東魏優位の立場から降嫁を行っているかのように記述されている。しかし、当時、実際には分裂していた中原王朝が柔然に対して常に優位にあったわけではなかった。また、東魏は柔然からその王女を娶ってもいる。先に挙げた史料であるが、表9⑨の事例は、『北史』巻一四 后妃伝下に、武定三（五四五）年のこととして、

蠕蠕は強盛にして西魏と通和し、兵を連ねて東伐せんと欲す。神武 之を病み、杜弼をして蠕蠕に使わし、世子の為に求婚せしむ。阿那瓌 曰く「高王自ら娶らば則ち可なり」と。神武 猶予す。尉景と武明皇后及び文襄並びに勧めて請う。乃ち之に従う。武定三年、慕容儼をして往きて之を娉せしめ、号して蠕蠕公主と曰う。

とあるものである。このとき、神武帝は西魏と柔然とが連合して侵攻してくることをおそれ、阿那瓌の女を世子へ嫁がせるように求めていた。しかし、阿那瓌は神武帝自身を婿へと指名し、周囲の説得によってようやく神武帝は蠕蠕公主を娶るに至るのである。

さらに、表9⑪の事例は、『周書』巻五〇 突厥伝に、天和三（五六八）年、北周の武帝が突厥の木杆可汗の女を

娶ったときのこととして、

> 尋いで俟斤（木杆可汗）又、他の女を以て高祖（武帝）に許す。未だ結納の及ばざるに、斉人も亦た遣わして求婚す。俟斤其の幣を貪ること厚く、将て之を悔やむ。是に至り、詔して涼州刺史の楊荐・武伯王の慶等を遣わして往きて之と結ばしむ。慶等の至りて、諭すに信義を以てす。俟斤遂に斉の使を絶ちて婚を定む。……（保定）五（五六五）年、詔して陳公の純・大司徒の宇文貴・神武公の竇毅・南安公の楊荐往きて女を逆えしむ。……陳公の純等の至るに、俟斤は復た斉に弐《そむ》く。会々、雷風の変有り、乃ち純等に后を以て帰すを許す。

とあるものである。周知のように、当時、突厥はその勢力を強大化させており、北周も北斉も競って木杆可汗の女を娶ろうとしていた。

また、『隋書』巻八四　突厥伝に、木杆可汗の弟である他鉢可汗のときに北周・北斉が争って突厥と婚姻を結ぼうとしていたことを伝えて、

> 時に、他鉢の控弦は数十万たり。中国の之を憚り、周・斉は争いて姻好を結び、府蔵を傾けて以て之に事う。

とある。こののち、大象元（五七九）年、北周は彼へ千金公主を降嫁する（表8⑨の事例）が、当時の状況について、平田陽一郎氏は、他鉢可汗が北斉との関係を強化するとともに北周の仏教勢力との連携をもはかり、突厥の優

位を確立することに成功したと指摘されている[10]。

以上のように、北魏の分裂以降、東西の中原王朝はともに和蕃公主の降嫁および近隣諸国の王女入嫁を盛んに行っている。また、それまでとは異なり、当時は真公主に代わり、すべて宗室の女である仮公主が降嫁されるようになっている。このことから、先述のごとく、前漢と同様に近隣諸国へ真公主を降嫁することに抵抗が生じているとも考えられよう。しかし、一方、それらの中原王朝は婚姻を通じて柔然・突厥などの強大な近隣諸国と結び付き、自己の優位性を維持することをも求められていたといえる。

このように、徐々に恩寵の色彩を有しつつあった近隣諸国との間の婚姻は、中原王朝の分裂によって自国存続のための政略手段へと変容していったといえる。つまり、それまで受け継がれてきた道武帝の改制は一旦ここで頓挫し、近隣諸国との間の婚姻は帝権強化を果たした皇帝から賜与される性格というよりも、むしろそれを通じて自己の優位性の維持を目的とする政策へと再び回帰したのである。ただし、それは全面的な回帰であるともいえないであろう。なぜなら、そこには、南北朝の出現のような諸勢力の統合が見られる時代と、五胡十六国のような諸勢力の対立が見られる時代との相違が存在し、さらに、胡漢が鋭く対立した時代と、両者がようやく融合へと移行する時代との時代相の相違までも存在するからである。

(四)　隋唐の場合

では、中国を再統一した隋唐においては、和蕃公主の降嫁および近隣諸国王女の入嫁はいかなる展開を遂げたのであろうか。まず、隋では、前掲の表10②の事例にあるように、『隋書』巻八四　突厥伝に、開皇一七（五九七）年、隋の文帝が突厥の突利可汗へ安義公主を降嫁したときのこととして、時に、沙鉢略の子は染干と曰い、突利可汗と号し、北方に居り、遣使して求婚す。上裴矩をして之に謂わしめて曰く「当に大義主を殺さば、方に婚を許さん」と。突利以て然りと為し、復た之を譖す。都藍因りて怒を発し、遂に公主を帳に殺す。都藍達頭可汗と隙有り、数々相征伐す。上之を和解せしむるに、各々兵を引きて去る。（開皇）一七年、突利遣使して来たりて女を逆う。上之を太常に舎し、六礼を教習せしめ、妻わすに宗女の安義公主を以てす。上北夷を離間せんと欲し、故に特に其の礼を厚くし、牛弘・蘇威・斛律孝卿を遣わして相継いで使いと為す。突厥の前後遣使して入朝せるもの三百七十輩たり。突利もと北方に居り、主に尚するの故を以て、南のかた度斤旧鎮に徙り、錫賚は優厚なり。雍虞閭（都藍）怒りて曰く「我は大可汗なるに、反って染干に如かざるや」と。

とある。このとき、史料にあるように、突厥内部は分裂しており、隋からの和蕃公主の降嫁を巡ってより一層の混乱をきたしたことがわかる。また、突利可汗が隋へ求婚した際に文帝がそれに条件を付け、かつ、六礼を教習させた上で降嫁していることも認められる。このように、隋は優位な立場から突厥へ和蕃公主を降嫁し、それによって突厥内部の分裂が促進されもしているのである。そして、分裂した一勢力である突利可汗は隋から啓民可汗と改められ、遂に隋へ称臣するに至る。さらに、表10④の事例にあるように、同書巻八三高昌伝に、大業五（六一〇）年、隋の煬帝が高昌の麹伯雅へ華容公主を降嫁したときのこととして、

大業四（六〇九）年、遣使貢献す。帝其の使いを待すこと甚だ厚し。明年、伯雅来朝し、従いて高（句）麗を撃つに因り、還りて宗女の華容公主に尚す。

とある。これによれば、このとき、国王である麹伯雅自らが隋へ来朝し、煬帝は高句麗遠征へ従軍した功労によって公主を降嫁していることがわかる。つまり、当時の和蕃公主の降嫁は、中原王朝による近隣諸国への恩寵として行われるようになってきていることがうかがえる。北魏の道武帝が公主降嫁へ君臣の上下関係を新たに持ち込み、以降はそれを受け継いだ。さらに中華思想の形成にともない、北魏と近隣諸国との間に勢力の上下関係が生じた。こうしたことによってめばえた恩寵化へのきざしは、中国再統一を果たして正統王朝となった隋が近隣諸国に対して圧倒的な優位に立つなかで再び出現したものであるといえよう。

隋を受けた唐では、先述のごとく、近隣諸国の君長が唐からの和蕃公主の降嫁を大きな栄誉であるとする段階へと至る。また、『旧唐書』巻一九四上　突厥伝上に、開元一三（七二五）年、突厥が唐の使者であった袁振へ和蕃公主の降嫁をもちかけたときのこととして、

小殺（毗伽可汗）と其の妻及び闕特勤・暾欲谷等の環りて帳中に坐り、宴を設け、振に謂いて曰く「吐蕃は狗種なれども、唐国は之と婚を為す。奚及び契丹はもと是れ突厥の奴なれども、亦た唐家の公主に尚す。突厥は前後して和親を結ばんことを請うも、独り許すを蒙らざるは、何ぞや」と。袁振曰く、「可汗は既に皇帝の子と為る。父子の豈に合に婚姻を為すべけんや」と。小殺等の曰く「両蕃も亦た姓を賜うを蒙り、猶お主に尚するを得。但だ此の例に拠れば、何ぞ不可なること有らんや。且つ蕃に入る公主は皆な天子の女に非ざると聞く。今の求むる所、豈に真仮を問わんや。頻りに請えども得ざるは、実に亦た諸蕃に見ゆるを羞ず」と。

とある。このように、このとき、実現はしなかったものの、突厥は自国のみが唐からの和蕃公主の降嫁を受けてい

ないことを嘆いている。また、当時も北魏が東西へと分裂した以降と同様、ほとんどの場合に仮公主が降嫁した。ちなみに、唐代初期においては、和蕃公主が真公主であるか仮公主であるかという相違は重要な意味を有していたようである。すなわち、同書 巻六〇 淮陽王道玄伝に、貞観一四（六四〇）年、李道玄が弘化公主を吐谷渾へ送ったときのこととして、

弘化公主を送りて蕃に還り、主の太宗の女に非ざるを洩らすに坐し、爵を奪いて国を除かる。

とある（前掲表1①の事例）。このように、弘化公主は太宗の女ではないことを吐谷渾へ漏らした李道玄が罰されている。とすれば、この一件以前まで近隣諸国は少なくとも表面上、中原王朝から降嫁される和蕃公主を皇帝の真の女であるとしていたことがうかがえる。しかし、先述の史料にもあるように、唐代中期へ至ると、近隣諸国はその出自を問わずに仮公主でもかまわないという姿勢を示すようになっている。この点は、中原王朝と近隣諸国との関係を見る際に注目すべき事柄であるといえよう。

なお、隋は近隣諸国に対して数多く和蕃公主を降嫁したにもかかわらず、近隣諸国の王女を娶った事例が管見のおよぶ限り見受けられない。これは前代とは大きな相違ということができよう。ただし、実現はしなかったものの、吐谷渾が隋へ女を娶るように申し入れた事例が存在する。すなわち、『隋書』巻八三 吐谷渾伝に、開皇一一（五九一）年のこととして、

（吐谷渾）其の兄の子の無素を使わし、表を奉じて藩と称し、並びに方物を献じ、女を以て後庭に備えんこと

を請わしむ。上滕王に謂いて曰く「此れ至誠に非ず。但だ急ぎ計るのみ」と。乃ち無素に謂いて曰く「朕渾主の女をして朕に事えしめんと欲するを知る。若し来請に依り、他国の之を聞かば、便ち当に相学ばんとすべし。一つを許して一つを塞ぐは、是れ不平と謂うなり。若し並びに之を許さば、又、好き法に非ず。朕の情は安養に存り、性を遂げしめんと欲す。豈に子女を聚斂し、以て後宮を実すべけんや」と。竟に許さず。

とある。これによれば、文帝は「至誠」ではないとして吐谷渾が求めた王女入嫁を断っている。また、前掲の表2①の事例にあるように、唐では安史の乱による唐の弱体化の状況下において、ウイグルの葛勒可汗の養女を娶るという一例がある。また、実現はしなかったものの、突厥が唐へ女を娶るように申し入れた事例も存在する。すなわち、『旧唐書』巻九一 張柬之伝に、聖暦元（六九八）年のこととして、

是の歳、突厥の黙啜 表して女の有るを言いて和親を請う。則天 意を盛んにして之を許し、淮陽郡王の延秀をして之を娶らしめんと欲す。柬之 奏して曰く「古より天子の求めて夷狄の女を娶り、以て中国の王に配する者は無し」と。

とあるのは、そのことを示す史料である。このとき、張柬之は突厥の黙綴可汗による王女の入嫁の申し入れを受けようとした則天武后に対し、古から夷狄の女を娶って中国の王に配した天子はいないとして強く反対している。こうした態度からは、当時、中国が近隣諸国の「夷狄」の女を娶ることを強く避けるようになっていたことがうかがえるであろう。

以上、道武帝の改制以降、和蕃公主の降嫁がいかに展開するのかについて、各時代の事例ごとに具体的な検討を加えてきた。五胡十六国の諸国において行われていた政略結婚は、北魏の道武帝によって帝権強化を果たした皇帝から賜与される性格を有した政策へと改制される。それは、華北統一を目指す太武帝へと受け継がれた。さらに、華北の統一以降は北魏を中心とする中華思想の形成にともない、公主降嫁へ君臣の上下関係を新たに持ち込んだことがより一層浸透する。そして、近隣諸国による中原王朝への求婚を受けてこれが許可されるという恩寵化のきざしがめばえた。北魏の分裂によってこの改制は一旦は頓挫し、政略手段へと回帰する。しかし、中国再統一を果たして正統王朝となった隋では、再び圧倒的な優位に立つなかで恩寵として和蕃公主を降嫁した。この流れを受け、道武帝の改制の完成形態すなわち和蕃公主の降嫁を恩寵とする認識が唐のときに確立したといえよう。

このように、北方諸族によってあるいはその影響を大きく受けて建国された王朝と、前章まで考察してきた漢六朝期における漢民族王朝との場合を比較してみよう。そこには、和蕃公主の降嫁が質・量面ともに重い意味を有した五胡十六国北朝隋唐期の特異性が浮かび上がってくる。和蕃公主の降嫁は、確かに前漢にも存在してはいた。しかし、北魏の道武帝によるよみかえに端を発して遂には恩寵へと展開を果たし、盛んに実施されるに至ったのである。こうしたことから、和蕃公主の降嫁はいわば「北方的」ともいえる性格を有した外交政策であると考えられよう。

小　結

第三章における考察をまとめると次のようになる。

①　前漢において和蕃公主の降嫁は「否定的な政策」とされ、事例件数も減少した。しかし、北魏の道武帝は前漢の高祖劉邦が行った匈奴に対する和蕃公主の降嫁を「良策」であるとして採用する。これは、北魏がその採用以前から行っていた他の勢力へ君長の女を嫁がせるという政策を、改めて前漢で行われた政策にならってよみかえたことを意味する。そのことは、北魏特有の政策である立太子の際における生母殺害を前漢の事例になぞらえたことと同義であった。道武帝はこの改制により、以降は近隣諸国およびそこから来降してきた人物に対しては公主を降嫁する一方、臣下に対してはこれを行わないこととした。そこには、当時に実施された部族解散と連動しつつ、臣下に対する帝権強化をはかるねらいが存在した。よって、改制以降に行われた公主降嫁は、帝権強化を果たした道武帝から賜与される性格を有した政策へと変容した。

②　北魏は建国以前から他の勢力へ女を嫁がせると同時にその女を娶ってもおり、華北が分裂していた当時、こうした女性の相互交換は政略結婚の性格を有していた。その後、和蕃公主の降嫁は、道武帝の帝権強化をはかった改制、さらには華北統一の流れを受ける。そして、政略結婚的な性格を有しつつも、北魏を中心とする中華思想の形成にともない、近隣諸国との間に上下関係が生じたことを踏まえ、近隣諸国による中原王朝への求婚を受けてこれが許可されるという恩寵の性格をも帯びるようになった。北魏の分裂以降、相互牽制のために近隣諸国と結び付く手段として政略結婚を行う回帰現象が起こる。しかし、隋が中国を再統一すると、再び恩寵として和蕃公主は近隣諸国へ降嫁した。さらに、唐では、唐の権威を背景に近隣諸国の君長が自らの立場を自国の内外へ示すために盛んに和蕃公主を求め、中国皇帝が近隣諸国へ恵み与える恩寵として降嫁を許可する構図が確立する。

③　以上のことを、漢六朝期における漢民族王朝の場合と比較してみる。すると、和蕃公主の降嫁が質・量面と

もに重い意味を有した五胡十六国北朝隋唐期の特異性が浮かび上がってくる。和蕃公主の降嫁は、確かに前漢にも存在してはいた。しかし、北魏の道武帝によるよみかえに端を発して遂には恩寵へと展開を果たし、盛んに実施されるに至った。よって、和蕃公主の降嫁はいわば「北方的」ともいえる性格を有した外交政策であるといえる。

本章では、五胡十六国北朝の時代において、和蕃公主の降嫁はいかなる契機から「再開」されるのか、そして、いかなる段階において政略結婚のレベルを超え、恩寵として捉えられるようになったのかという点について考察した。そして、漢六朝期における漢民族王朝の場合と比較し、五胡十六国北朝の時代では和蕃公主の降嫁が「北方的」な性格を有した外交政策となっていたことを追究した。

注

（1）『魏書』巻一三 皇后伝など参照。
（2）濩沢公主の出自に関する記述は管見のおよぶ限り見受けられない。
（3）『資治通鑑』巻一一五 安帝紀 義熙五（四〇九）年の条、趙翼『廿二史箚記』巻一四 保太后の条など参照。
（4）『漢書』巻九七上 鉤弋趙倢伃伝など参照。
（5）西秦においても、代国と同様に来降者に対して女を娶らせていた。『晋書』巻一二五 乞伏乾帰載記、『資治通鑑』巻一一一 安帝紀 隆安二（三九八）年の条など参照。
（6）松下憲一「領民酋長制と「部族解散」」（『集刊東洋学』第八四号 初出、『北魏胡族体制論』北海道大学出版会 二〇〇七年）五〇頁参照。

（7）松下氏前掲論文（前掲注（6））四九頁参照。

（8）坂元義種氏前掲論文（序章前掲注（6））一三頁参照。

（9）川本芳昭「五胡十六国・北朝時代における華夷観の変遷」（『佐賀大学教養部研究紀要』第一六巻　一九八四年　初出、『魏晋南北朝時代の民族問題』汲古書院　一九九八年）五一～五二頁参照。

（10）平田陽一郎「突厥他鉢可汗の即位と高紹義亡命政権」（『東洋学報』第八六巻　第二号　二〇〇四年）二三～二四頁参照。

第四章　唐代における和蕃公主の降嫁

――対吐蕃関係を中心として――

はじめに

第三章で明らかにした点は以下の通りである。すなわち、五胡十六国においては諸国間での政略結婚が行われ、それは拓跋部・北魏へと受け継がれたが、北魏の道武帝は前漢の高祖劉邦が匈奴に対して行った和蕃公主の降嫁を「良策」であると称し、これがあたかも漢に発したものであるかのごときよみかえを行った。そこには、部族解散と連動して帝権強化をはかるねらいが存在した。さらに、その後、和蕃公主の降嫁には恩寵的な性格が新たに加えられるようになる。隋唐時代へ至ると、統一王朝の勢威を背景に中国皇帝から近隣諸国へ恵み与えられる恩寵として和蕃公主の降嫁を許可するという構図が復活・確立した。以上のことから、和蕃公主の降嫁は、北魏の道武帝によるよみかえに端を発して遂には恩寵へと展開を果たし、盛んに実施されるに至ったとするいわば「北方的」ともいえる性格を有した外交政策であると考えられる。

このように、筆者は、前章までの考察において、和蕃公主の降嫁の消長現象が生じた原因について追究してきた。それは、主に唐よりも以前の時代における和蕃公主の降嫁について、個々の具体的な事例に即して究明された事柄である。しかし、唐代における和蕃公主の降嫁に関しては、いくつかの具体的な事例を挙げて考察を加えてはいるものの、あくまでも五胡十六国北朝の時代において見られた流れがより一層強まった結果、恩寵としての確立を見たという点を述べるにとどまっている。いまだ個々の事例に対してそれぞれがいかなる性格を有しているのか、例えば、ほぼ唐代を通じて強い勢力を保持・抗争した隣接国である吐蕃と唐との間で、二度にわたって実施された事例、すなわち、表題にも掲げた文成公主（前掲表1②の事例）、および、その後に行われた金城公主（表1③の事例）の降嫁は、いかなる性格を有しているのかといった、各事例の相互の内容について具体的に追究するまでには至っていない。また、やや結論的にいえば、安史の乱以降、和蕃公主の降嫁はその事例件数が減少し、かつ、その実態すらも以前のものとは変容してきていることがうかがえる。そして、次の五代十国時代から北宋へ至ると、先の後漢魏晋南朝の時代と同様、和蕃公主の降嫁は再びほとんど見られなくなっているのである。このことはいかに捉えるべきであろうか。こうした問題の解明のためには、唐代における個々の和蕃公主の降嫁事例を検討すること、および、それら諸事例を相互に比較することが必要であろう。なお、安史の乱以降になると、表1からもわかるように、唐・吐蕃間の和蕃公主の降嫁は行われなくなり、唯一ウイグルに対してのみ和蕃公主が降嫁するようになっている。とすれば、和蕃公主の降嫁が減衰する原因を解明するためには、安史の乱以降の唐・吐蕃関係のみならず、ウイグルに対する和蕃公主の降嫁のありかたについても考察した上で、それを文成・金城両公主の事例と比較・検討することが必要となるであろう。

本章では、以上述べたような問題意識に基づき、①文成公主が吐蕃へ降嫁するに至った背景およびその実施はいかなる歴史的な段階において行われたのか、②金城公主の降嫁に文成公主の場合と比較していかなる相違が生じているのか、③安史の乱以降の唐・吐蕃関係およびウイグルへの和蕃公主の降嫁に、文成・金城両公主の場合と比較していかなる相違が生じているのかを考察する。そして、唐代を通じた和蕃公主の降嫁の実態およびその減衰の原因について解明を目指すこととする。[1]

第一節　文成公主の降嫁

本節では、唐から吐蕃へ降嫁した文成公主（前掲表1②の事例）の場合について、降嫁するに至った唐・吐蕃それぞれの背景および降嫁の実施以降の両国関係を検討し、それによって当時における和蕃公主の降嫁のありかたについて考察する。

では、まず、吐蕃にとってこの降嫁がいかなる意味を有したのかについて見てみよう。『旧唐書』巻一九六上吐蕃伝上に、貞観八（六三四）年、吐蕃の棄宗弄讃が唐へ遣使したときのこととして、

其の賛普（君長）の棄宗弄讃始めて遣使朝貢す。……太宗行人の馮徳遐を遣わし、往きて之を撫慰せしむ。徳遐に見え、大いに悦び、突厥及び吐谷渾は皆な公主に尚するを聞き、乃ち遣使して徳遐に随いて入朝し、多く金宝を賫し、奉表して求婚す。太宗未だ之を許さず。使者既に返り、弄讃に言いて曰く「初め、大国に至り、我を待すること甚だ厚く、公主の嫁ぐを許す。会々、吐谷渾王の入朝し、相離間すること有り。是より礼は薄く、遂に嫁ぐを許さず」と。弄讃遂に羊同と連なり、兵を発して以て吐谷渾を撃つ。吐谷渾は支えること能わず、青海の上りに遁れ、以て其の鋒を避く。其の国の人畜並びに吐蕃の掠める所と為る。是に於いて、兵を進めて党項及び白蘭の諸羌を攻め破り、其の衆二十余万を率い、松州の西境に頓し、遣使して金帛を貢

ぎ、来たりて公主を迎えんことを云う。又、其の属に謂いて曰く「若し大国の公主を嫁がせて我に与えずんば、即ち当に入寇すべし」と。遂に松州に進攻す。都督の韓威軽騎もて賊を覘うも、反って敗れる所と為り、辺人は大いに擾る。太宗吏部尚書の侯君集を遣わして当彌道行営大総管と為し、右領軍大将軍の執失思力を白蘭道行軍総管と為し、左武衛将軍の牛進達を闊水道行軍総管と為し、右領軍将軍の劉蘭を洮河道行軍総管と為し、歩騎五万を率いて以て之を撃たしむ。進達の先鋒は松州より其の営を夜襲し、千余級を斬る。弄讃大いに懼れ、兵を引きて退き、遣使して謝罪し、因りて復た婚を請う。太宗之を許す。弄讃乃ち其の相の禄東賛を遣わして礼を致し、金五千両を献ぜしむ。自余宝玩は数百事たり。

とある。このとき、唐から吐蕃へ和蕃公主の降嫁が許可されたことがわかるが、ここで注目すべきは、吐蕃から唐へ求婚しているという点である。史料によれば、棄宗弄讃は唐の使者である馮徳遐より、すでに突厥や吐谷渾などが中原王朝から和蕃公主を降嫁されている状況（表1①・前掲表10①・②・③の事例）を聞き、「多く金宝を賚し」て求婚している。しかし、太宗がその求婚を許可しなかったことを受け、吐蕃は当時その影響下に置いていた遊牧勢力の羊同と連合して唐へ侵攻するものの敗退した。のちに、唐から派遣された侯君集らに率いられた歩騎五万の攻撃を受け、おおいにおそれて謝罪し、改めて求婚したところ、今回は許可されて唐へ「金五千両」・「自余宝玩は数百事」を献じている。つまり、この間の婚姻にかかわる状況は唐の優位のもとに推移しており、この点は、第二章で述べた、匈奴を懐柔するために前漢側から和蕃公主や財物をおくらざるをえなかった前漢初めの状況とは相違しているといえよう。

さらに、先に挙げた史料であるが、同伝中には、貞観一五（六四一）年、文成公主が降嫁したときのこととして、太宗文成公主を以て之に妻わせ、礼部尚書・江夏郡王の道宗をして婚を主らしめ、持節して公主を吐蕃に送る。弄讃其の部兵を率いて柏海に次り、河源に於いて親迎し、道宗に見え、子婿の礼を執ること甚だ恭し。既にして大国の服飾・礼儀の美に歎じ、俯仰して愧沮の色有り。公主と帰国するに及び、親しき所に謂いて曰く「我が祖父の未だ上国と通婚する者は有らず。今、我は大唐の公主に尚するを得、幸いと為すこと実に多し。将に公主の為に一城を築き、以て後代に誇示せん」と。遂に城邑を築きて棟宇を立て、以て居処す。公主其の人の赭面するを悪む。弄讃国中をして権りに且く之を罷めしめ、自らも亦た氈裘を釈き、紈綺を襲ね、漸く華風を慕う。仍て酋豪の子弟を遣わし、国学に入りて以て詩書を習わしめんことを請う。

とある。棄宗弄讃は和蕃公主の降嫁を栄誉としておおいに喜び、文成公主のために築城したと伝える。

以上のように、近隣諸国が唐からの和蕃公主の降嫁を重要視していたことをうかがわせる史料は、この吐蕃の事例以外にも存在する。次に挙げる史料は、いずれも和蕃公主の降嫁が不成立に終わったものであるが、当時のこうした状況をよく伝えるものであると思われる。すなわち、同書巻一九四下突厥伝下に、貞観元（六二八）年、突厥の頡利可汗が西突厥の統葉護可汗に対する唐からの和蕃公主の降嫁を妨害しようとしたときのこととして、

頡利可汗中国の之と和親するを悦ばず、数々兵を遣わして入寇せしむ。又、人を遣わして統葉護に謂わしめて曰く「汝の若し唐家の公主を迎うれば、須らく我が国中を経て過ぎるべきを要む」と。統葉護之を患い、未だ婚を克くせず。

とある。また、同書 巻一九九下 北狄伝に、貞観一六（六四二）年、薛延陀の夷男可汗が唐からの和蕃公主の降嫁を許可されたときのこととして、

夷男大いに悦び、其の国中に謂いて曰く「我はもと鉄勒の小帥なり。天子我を立てて可汗と為す。今、復た我に公主を嫁がさんと、車駕親ら霊州に至る。これも亦た足れり」と。

とある。こうして、唐からの和蕃公主の降嫁を巡り、近隣諸国は互いに牽制し合い、また、栄誉としておおいに喜んでいる。唐側の史料のみから、細部にわたるまでのこうした事柄のすべてが事実であったと断ずることは慎まねばならない。しかし、大局的に見て、当時、吐蕃をはじめとする近隣諸国は、唐から和蕃公主を降嫁されることにより、唐の勢威を背景に自己の立場を国内外へ顕示することが可能であったとして大過ないであろう。

一方、唐にとって和蕃公主の降嫁はいかなる意味を有したのであろうか。次に挙げる史料は、先述した薛延陀の夷男可汗への和蕃公主の降嫁に関するものであるが、当時の太宗が和蕃公主の降嫁に対して抱いていた認識をよく伝えるものであると思われる。すなわち、『貞観政要』巻九 征伐に、貞観一六（六四二）年、太宗が薛延陀の夷男可汗に対して和蕃公主の降嫁を決定したときのこととして、

太宗侍臣に謂いて曰く「北狄は世々寇乱を為す。今、延陀の倔強にして、須らく早く之が計を為すべし。朕之を熟思するに、惟だ二策有るのみ。徒十万を選び、撃ちて之を虜とす。凶醜を滌除し、百年の患い無し。此れ一の策なり。若しくは其の来請を遂げ、之と婚媾を為さん。朕蒼生の父母と為る。苟くも之を利とすべく

んば、豈に一女を惜しまんや。北狄の風俗は、多く内政に由る。亦た既に子を生めば、則ち我が外孫なり。中国を侵さざること、断じて知るべし。此れを以て言うに、辺境は三十年来の無事を得るに足る。此の二策を挙ぐ。何れを先と為さん」と。

とある。このとき、太宗は対薛延陀策として北方の風俗を考慮した上で、これとの戦闘よりも和蕃公主の降嫁の方を選択しようとしていることがわかる。しかし、一旦は許可したものの、結局、太宗はこの降嫁を取り止めてしまう。すなわち、『新唐書』巻二一七下　回鶻伝下に、同年のこととして、

（薛延陀）以て使わして来たり、益して馬・牛・羊・橐它を献じ、固く求昏す。……許すに新興公主を以て下嫁す。……時に、帝有司に詔して献ずる所を受けしめんとす。延陀に府庫無く、下に調斂す。亟やかには集まらず、又、磧を度りたれば、水草の乏しく、馬・羊の多く死し、納貢は期に後る。帝も亦た行を止む。……乃ち詔を下して昏を絶ち、其の使いに謝す。或るひとの曰く「既に之を許したれば、信を失うべからず」と。帝曰く「公等の計は非なり。昔、漢のとき匈奴は彊く、中国は抗せず。故に子女を飾りて単于に嫁がす。今、北狄は弱く、我は能く之を制す。而るに延陀は方に謹みて我に事うる者なり。顧みるに新たに立ち、我に倚りて以て衆を服す。彼の同羅・僕骨の力は延陀を制するに足れども、発せざるは、我を懼るればなり。我又、之に妻わすれば、固より中国の婿たりて、名は重く援けは堅し。諸部は将に之に帰せん。戎狄の野心、能く自立すれば則ち叛く。今、昏を絶ち、諸姓をして之を聞かしむれば、将に争いて延陀を撃たんとす。亡ぶこと待つべきなり」と。

とある。このように、薛延陀の求婚を受けて太宗は一旦はこれを許可した。しかし、前漢初めの状況とは異なり、現時点における薛延陀の勢力はおそれる程度ではなく、それへの和蕃公主の降嫁を中止すれば自然と近隣諸国間の抗争が生じて弱体化するとして降嫁を取り止めている。これはいかなることであろうか。貞観年間の唐・吐蕃交渉について考察された吉井浩美氏は、太宗は一旦は近隣諸国の求婚を断り、その国がいかなる対応を行うか見た上で、和蕃公主を降嫁するに適しているか否かを判断しているのではないかとしている。(2) 実際、薛延陀の勢力は降嫁を取り止められてのちに衰退しており、吐蕃もまた唐へ侵攻して逆に敗北している。つまり、薛延陀と同様、太宗は吐蕃に対しても一旦は求婚を断ってその侵攻を撃退し、唐の優位性を存分に見せ付けた上で文成公主を降嫁したといえよう。確かに、吐蕃は唐へ侵攻したものの、当時、唐にとってそれは脅威に感じる程度ではなく、むしろ吐蕃の度重なる求婚を許可するかたちで和蕃公主を降嫁しているのである。

さらに、当時の状況について見てみると、唐は西域への進出をはかっていた。貞観八～九（六三四～六三五）年にかけて鄯善・且末地方（現在の中国新疆ウイグル自治区）へ進出し、貞観一四（六四〇）年には高昌を滅ぼして西州とし、安西都護府を置いている。吉井氏は、このように唐が西域進出をはかっていた当時の状況を踏まえ、そこには、足掛かりとして吐蕃へ和蕃公主を降嫁し、これを自らに引き付けておく戦略が存在したことを指摘している。(3)

ところで、先の吐蕃伝上の史料によれば、このとき、棄宗弄讃が河源（吐谷渾との国境）まで「親迎」し、「子婿の礼」をとって文成公主を迎えていることも注目される。なぜなら、両国間の婚姻が中国的な儀礼に基づいて行われているからである。同様の事例は他にも見受けられ、例えば、先に挙げた史料であるが、『隋書』巻八四 突厥伝に、開皇一七（五九七）年、隋から安義公主を突厥の突利可汗へ降嫁するにあたってこれへ六礼を教習させたとき

のこととして、

突利 遣使して来たりて女を逆う。上 之を太常に舎し、六礼を教習せしめ、妻わすに宗女の安義公主を以てす。

とある（表10②の事例）。また、『旧唐書』巻一〇九 契苾何力伝に、貞観一六（六四二）年、先述した薛延陀への和蕃公主の降嫁を巡り、契苾何力が夷男可汗の親迎の必要性を述べたときのこととして、

何力曰く「然り。臣はもと其の事を延緩するを請い、総て停むを謂わず。臣の聞くならく、六礼の内、婿は合に親迎すべし。宜しく延陀に告げて親ら来たりて婦を迎えしむべし。縦い敢えて京邑に至らざるも、即ち当に霊州に詣らしむべし」と。

とある。このように、中原王朝は近隣諸国に対し、中国の伝統的な婚姻儀礼である六礼（納采・問名・納吉・納徴・請期・親迎）に従って和蕃公主の降嫁を受けさせようとしている。そのことから考えれば、棄宗弄讃による「親迎」と「子婿の礼」ともその線に沿ったものであったと想定される。つまり、文成公主の降嫁の際における儀礼進行の主導権は唐が握っていたといえよう。

さらに、先の吐蕃伝上の史料によれば、文成公主の降嫁によって吐蕃は華風を慕い、唐へ留学生を派遣して中原文化を摂取しようとしており、この点も注目される。つまり、唐は和蕃公主の降嫁を通じ、儀礼・風俗・書物などのかたちで中国の文化的なレベルの高さをも吐蕃へ示していることとなる。

以上のことを踏まえれば、当時の和蕃公主の降嫁は、これまで筆者が指摘してきた、北魏の道武帝によるよみかえに端を発し、遂には中国皇帝から近隣諸国へ恵み与えられる恩寵へと展開を果たした局面において出現した政策であったことが、改めて確認できよう。

このことは、文成公主の降嫁以降の唐・吐蕃関係からもうかがえる。すなわち、同伝中に、貞観二〇（六四六）年、棄宗弄讃が太宗による高句麗遠征への賀詞を述べたときのこととして、

太宗遼東を伐ちて還る。禄東賛を遣わして来賀せしめ、奉表して曰く「聖天子は四方を平定し、日月の照す所の国、並びに臣妾と為る。而るに高（句）麗は遠きを恃み、臣礼を闕く。天子自ら百万を領し、遼を度りて討つを致し、城を隳《くず》して陣を陥れ、日を指して凱旋す。夷狄は纔かに陛下の発駕を聞き、少しく進むの間、已に帰国するを聞く。雁の飛ぶこと迅越なれども、陛下の速疾に及ばず。奴は忝くも子婿に預かり、喜びは常夷に百たり。夫れ鵝は猶お雁のごとし、故に金鵝を作りて奉献す」と。

とある。このとき、棄宗弄讃が自らを臣妾のなかに含めて「子婿」と称したと伝えている。続いて、同伝中に、貞観二三（六四九）年、棄宗弄讃を西海郡王、さらには賓王へと封じたときのこととして、

高宗位を嗣ぎ、弄讃に授けて駙馬都尉と為し、西海郡王に封じ、物二千段を賜う。弄讃因りて書を司徒の長孫無忌等に致して云えらく「天子初めて即位す。若し臣下に不忠の心の者有らば、当に兵を勒して以て国に赴きて除討せん」と。並びに金銀・珠宝十五種を献じ、太宗の霊座の前に置かんことを請う。高宗之を嘉し、

進めて封じ、賓王と為し、雑綵三千段を賜う。……乃ち石像を其の形に刊り、昭陵玄闕の下に列ぬ。

とある。(4) このように、吐蕃は唐側の史料によれば、唐初は唐の臣下であった。(5) また、文成公主の降嫁以降、しばらくの間、唐・吐蕃間の戦闘は行われていない。すなわち、同伝中に、龍朔元（六六一）年、吐蕃が吐谷渾を攻撃したときのこととして、

後に吐谷渾と和せず。龍朔・麟徳中、遞いに相表奏し、各々曲直を論ず。国家は依違し、未だ与奪を為さず。吐蕃怨怒し、遂に兵を率いて以て吐谷渾を撃つ。吐谷渾大敗し、河源王の慕容諾曷鉢及び弘化公主身を脱して走りて涼州に投じ、遣使して急を告ぐ。咸亨元（六七〇）年四月、詔して右威衛大将軍の薛仁貴を以て邏道行軍大総管と為し、左衛員外大将軍の阿史那道真・右衛将軍の郭待を封じて副と為し、衆十余万を率いて以て之を討たしむ。軍は大非川に至り、吐蕃の大将の論欽陵敗る所と為る。仁貴等並びに坐して除名さる。吐谷渾全国尽く没し、唯だ慕容諾曷鉢及び其の親信数千帳のみ来たりて内属す。乃ち霊州に徙す。是より吐蕃の歳を連ねて辺に寇したれば、当・悉等の州の諸羌は尽く之に降る。

とある。つまり、吐蕃による吐谷渾への攻撃によって、慕容諾曷鉢らは唐へ内属するに至るが、文成公主の降嫁以降、約二〇年間にわたって唐と吐蕃との関係は平穏であったのである。

ところで、唐が採った降嫁政策は、これまで見てきた和蕃公主の降嫁のみに限られたものではなかった。すなわち、同伝中に、貞観年間（六二七〜六四九）、太宗が棄宗弄讃の臣下であった禄東賛に対しても、琅邪長公主の外孫

の女である段氏を降嫁したことを伝えて、

初め、太宗既に文成公主を降すを許す。賛普は禄東賛をして来たりて迎えしむ。召見して顧問したるに、進対の旨に合う。太宗之を礼するに、諸蕃に異なること有り。乃ち禄東賛を拝して右衛大将軍と為し、又、琅邪長公主の外孫の女の段氏を以て之に妻わす。

とある。これは、唐の降嫁が近隣諸国の君長の臣下にまでおよぶことがあったことを示している。

また、唐は近隣諸国から来降してきた人物に対しても公主を降嫁している。表15は唐代に行われた来降者への公主降嫁の事例を年代順に示したものである。

例えば、表15①の事例は、『新唐書』巻一一〇 阿史那社尒伝に、貞観一〇（六三六）年、太宗が突厥から来降してきた阿史那社尒に対し、高祖の第一四女である衡陽長公主を降嫁したときのこととして、

入朝し、左驍衛大将軍を授け、其の部を霊州に処す。詔して衡陽長公主に尚し、駙馬都尉と為し、衛屯の兵を典らしむ。

とあるものである。このような来降者への降嫁は、すでに代国・北魏などでも行われてきた政策である（前掲表11・表13）。そこには、強い勢力を有する近隣諸国から来降してきた人物へ公主を降嫁して彼らを取り込み、自国の基盤をより一層固めるねらいが存在した。つまり、唐もこうした君長の臣下への降嫁や来降者への降嫁により、

その影響力の一層の強化をはかろうとしていたといえよう。

先述のごとく、このような和蕃公主の降嫁以外の降嫁も、五胡十六国北朝の時代においてすでに見られた事例である。よって、以上の例も唐代における公主降嫁が、北魏の道武帝によるよみかえに端を発する「北方的」な政策を継承したものであるという点を、より一層明らかにしていると考えられよう。

表15　唐代における来降者への公主降嫁の事例

	年代	出自	来降者	出典
①	貞観一〇（六三六）年	高祖第一四女 衡陽長公主	突厥 阿史那社尒	『新唐書』巻一一〇 阿史那社尒伝
②	貞観年間（六二七～六四九）	宗女 定襄県主	突厥 阿史那忠	『新唐書』巻一一〇 阿史那忠伝
③	貞観年間（六二七～六四九）	高祖第八女 九江公主	突厥 執失思力	『新唐書』巻一一〇 執失思力伝
④	貞観年間（六二七～六四九）	臨洮県主	鉄勒 契苾何力	『新唐書』巻一一〇 契苾何力伝
⑤	貞観年間（六二七～六四九）	可憐公主	突厥 阿史那施	「阿史那施墓誌」
⑥	貞観年間（六二七～六四九）	平夷県主	突厥 阿史那摸末	「阿史那摸末墓誌」

第二節　金城公主の降嫁

前節では、文成公主の降嫁を通じ、これが前漢における対匈奴への降嫁事例とは鮮やかな対照をなしており、唐初の和蕃公主の降嫁が北魏以降の恩寵路線を継承した政策であることを指摘した。

本節では、このことを踏まえつつ、文成公主の降嫁のおよそ七〇年後に唐から吐蕃へ降嫁した金城公主（前掲表1③の事例）の場合、先の文成公主の事例と比較していかなる相違が存在するのかについて見てみることとする。

まず、当時の唐・吐蕃の関係を巡る状況についてである。前節で述べたように、文成公主の降嫁により、約二〇年間にわたって両国間には平和がもたらされたものの、龍朔元（六六一）年に吐蕃が吐谷渾を攻撃したため、以降の唐・吐蕃の関係は悪化していった。その後、咸亨元（六七〇）年、于闐を陥れた吐蕃は亀茲をも攻め落とし、よって唐は安西都護府を再び西州へ戻さざるをえなくなる。しかし、天授三（六九二）年へ至ると、再び唐は疏勒以外のオアシス諸都市を回復することとなる。

このような状況を受け、『旧唐書』巻一九六上 吐蕃伝上に、長安三（七〇三）年、吐蕃の器弩悉弄が唐へ遣使したときのこととして、

又、遣使して馬千匹・金二千両を献じて以て求婚す。則天 之を許す。

とあり、吐蕃からの求婚がなされた。この際の求婚が、先の文成公主の場合と同様、吐蕃から唐への「馬千匹・金

二千両」にのぼる献上をともなう求婚であることは注目すべきである。ただし、この求婚は許可されたにもかかわらず、器弩悉弄が死亡したことによって実現はしなかった。

続いて、同伝中に、神龍元（七〇五）年、吐蕃の棄隷蹜賛の祖母が唐へ遣使したときのこととして、

俄にして、賛普の祖母其の大臣の悉薫熱を遣わして来たり、方物を献ぜしめ、其の孫の為に婚を請う。中宗養う所の雍王の守礼の女を以て金城公主と為し、之に嫁ぐを許す。

とある。このように、再び吐蕃は唐へ「方物」を献じて求婚し、中宗は金城公主の降嫁を決定している。

なぜ、六六〇年代から唐と抗争を続けていた吐蕃は、このように一転して求婚するというかたちでその路線を変えたのであろうか。佐藤長氏によれば、当時、吐蕃はその影響下にあった諸勢力および自国内部の反乱の頻発という問題を抱えていたとされている[6]。とすれば、このとき、吐蕃内部の問題に起因し、唐の勢威を背景に自国およびその勢力圏の安定をはかる必要性が生じていたといえよう。

では、吐蕃の求婚を受けた唐はいかなる姿勢でそれにのぞんだのであろうか。先述のごとく、唐は神龍元（七〇五）年における吐蕃の求婚を許可して金城公主を降嫁する。この際、同伝中に、景龍四（七一〇）年、中宗の詔を伝えて、

制して曰く「聖人の化を布くは、百姓を用て心と為す。王者の仁を垂るは、八荒を以て外を無とす。故に能く遐邇に光宅し、品物を裁成す。是によりて隆周暦を理め、柔遠の図を恢《ひろ》む。強漢は時に乗じ、和親の議を建

つ。これ蓋し御宇の長策にして、経邦の茂範なり……」と。

とある。ここに、唐が前漢の「長策」にならう姿勢を示したとしている点が注目される。周知のように、隋唐はその制度制定において周漢以来の古典文化を一つのモデルとしていた。それゆえ、先述の史料に周漢のことが見え、それを「御宇の長策」であるとしているのであろう。第三章で述べたように、北魏の道武帝は前漢の高祖劉邦が匈奴に対して行った和蕃公主の降嫁（前掲表3①の事例）を「良策」であると称して実施したのである。

ところで、唐代では、先述した金城公主の事例以降、和蕃公主の降嫁を前漢で行われた政策になぞらえて実施したとする事例がしばしば見受けられるのである。すなわち、『唐大詔令集』巻四二 和蕃に、開元一〇（七二二）年、東光公主を奚の李魯蘇へ降嫁したときの「封東光公主制」に、

炎漢は盛礼して、蕃国は是れ和す。烏孫 公主の親を降せられ、単于 良家の子を聘す。永く前史を惟い、率いて旧章に由らん。

とある（表1⑥の事例）。また、同条中に、同年、燕郡公主を契丹の李鬱于へ降嫁したときの「封燕郡公主制」に、

漢図は既に采り、蕃国は是れ和す。公主 烏孫の主に嫁ぎ、良家 氈裘の長を聘す。欽みて前志に若《したが》うに、抑々旧章有り。

とある（表1⑦の事例）。また、同条中に、天宝三（七四四）載、和儀公主を寧遠国の阿悉爛達干へ降嫁したときの「封和義公主制」に、

呼韓来たりて享し、位は侯王に列す。烏孫入りて和し、義として姻好を通ず。懐柔の道、今古の同じくするところなり。

とある（表1⑩の事例）。このように、和蕃公主の降嫁が盛んに行われた開元・天宝期へ至ると、唐は前漢武帝期の烏孫および前漢元帝期の匈奴への和蕃公主の降嫁（表1④・⑤・⑥の事例）にならうという姿勢を表明していることがわかる。

しかし、ここでは確認しておくべきことがある。すなわち、第二章で述べたように、前漢では、そもそも和蕃公主の降嫁が「長策」であると認識されているわけではなかったということである。実際はその逆であり、和蕃公主の降嫁は前漢初めには人質ともいうべき屈辱的な政策と捉えられていた。そして、前漢が国威を向上させるにつれ、和蕃公主の降嫁の外交政策として有する重要性が見られなくなる。続く後漢以降の漢民族王朝では、近隣諸国を増長させる「無益」なものであるとみなされて消滅してしまうのである。

このように、唐の和蕃公主の降嫁に対する認識は漢のそれとは大きく相違しており、一方で北魏以降のそれとは大変類似しているのである。

さて、金城公主の降嫁にあたり、中宗は彼女を始平県（現在の中国陝西省興平市）まで見送り、そこで宴を設けて従臣に餞別の詩を詠ませている。すなわち、『旧唐書』巻一九六上 吐蕃伝上に、景龍四（七一〇）年のこと

として、

帝始平県に幸して以て公主を送り、帳殿を百頃泊の側に設け、王・公・宰相及び吐蕃使を引きて宴に入る。

とある。このとき詠まれたものの一つとして、『全唐詩』巻一〇三 趙彦昭「奉和送金城公主適西蕃応制」の詩に、

聖后の経綸は遠く　謀臣の計画は多し
受降は漢の策を追い　館を築きて戎の和するを許す
俗は烏孫の塁を化し　春は積石の河に生ず
六龍は今出でて餞けし　双鶴は願いて歌を為す

とある。公主を題材とした詩について研究された詹満江氏は、このとき詠まれた数首全体の有する傾向について述べ、当時の和蕃公主の降嫁を詠んだ詩からは、和蕃公主の必要性に関する君臣一致した共通認識の存在を想定している。(7)

こうした時代的な風潮のもとに降嫁された金城公主は、吐蕃の地でもおおいに歓迎された。すなわち、『旧唐書』巻一九六上 吐蕃伝上に、同年のこととして、

公主既に吐蕃に至る。別に一城を築きて以て之に居す。

とある。この点は、先の文成公主の場合と同様である。また、『新唐書』巻二一六上 吐蕃伝上に、同年、金城公主を降嫁したときのこととして、

帝主の幼きを念い、錦繒を賜うこと別に数万、雑伎諸工は悉く従い、亀茲の楽を給う。

とある。中宗は彼女へ財物・伎工・亀茲の音楽を賜与している。さらに、開元年間へ至ると、唐から『毛詩』・『礼記』・『左伝』・『文選』が吐蕃へおくられている。[8] つまり、先の文成公主の場合と同様、吐蕃側は唐から金城公主が降嫁されたことを重要視しており、一方、唐側はこの場合にもその文化的なレベルの高さを吐蕃へ示しているのである。

以上見てきたように、先の文成公主の場合と同様、金城公主の降嫁も引き続き多分に恩寵としての要素を有した政策であったことがわかる。この点では、文成・金城両公主の間にはほとんど差がないといえる。しかし、そこには決定的に大きな相違が存在する。それは、文成公主の降嫁においては唐の勢威のもとで唐・吐蕃間の和平が確定したにもかかわらず、金城公主の降嫁においてはそうした成果を生まなかったと考えられることである。次に、この点について見てみよう。

先天元（七一二）年、吐蕃は唐から金城公主の湯沐として河西九曲（現在の中国青海省同仁県の周辺）を獲得した。このことについて、唐・吐蕃・吐谷渾の関係を考察された鈴木隆一氏は、吐蕃が当該地域の支配を確立したことにより、吐谷渾の支配下である青海路の機能を手中にしたとしている。[9]

そして、『旧唐書』巻一九六上 吐蕃伝上に、開元二（七一四）年、吐蕃が唐に対して敵国の礼を求めたときのこ

として、

吐蕃既に自ら兵の強きを恃み、表疏を通ずるごとに、敵国の礼を求め、言詞は悖慢なり。上甚だ之を怒る。

とある。このように、吐蕃はその勢力を強めており、遂には唐・吐蕃間の戦闘が行われるに至った[10]。

まず、第一次の戦いは、開元二（七一四）年、吐蕃が臨洮（現在の中国甘粛省定西市）へ侵入したことに始まる。翌年、フェルガナを巡って吐蕃は大食と手を結び、吐蕃の西域進出が再開された。次いで、開元五（七一七）年、吐蕃は大食・突騎施と安西四鎮の奪取を目指す。当時、吐蕃はパミールへ勢力を拡大させていたが、そうしたなか、開元四（七一六）年七月・同五（七一七）年三月・同七（七一九）年六月と、計三度にわたって吐蕃は唐へ和平を申し出ていた。実際には、このとき唐が金城公主へ打診し、彼女を通じて吐蕃と和平しようと試みたものの、両国の盟約は成立しなかったのである。ここでは、和蕃公主の降嫁がその政策としての限界を露呈しているという点で注目すべきであろう。

続いて、第二次の戦いは、開元一四（七二六）年、唐と吐蕃とのパミールを巡る争いに端を発する。それは、パミール高原中にある「唐の西門」として西域経営上の最重要地点とされた小勃律国をかけた戦いであった。しかし、当時は突厥が、吐蕃と突厥とで瓜州（現在の中国甘粛省酒泉市）を攻撃しようという誘いの内容である吐蕃からの密書を献上して唐側へ付いていた。この状況を受け、開元一七（七二九）年になると、唐は再び金城公主へ和平を打診し、吐蕃が和平を請うに至るのである。すなわち、同伝中に、同年、吐蕃が和平を請う上表文を隴右節度使であった皇甫惟明らに示したことを伝えて、贊普等は欣然として和を請い、尽く貞観以来前後の敕書を出し、以て惟明等に示し、其の重臣の名悉猟をして惟明等に随いて入朝せしめ、上表して曰く「外甥は是れ先の皇帝舅の宿親にして、又、金城公主の降るを蒙る。遂に和同して一家と為る……」と。

とあり、このなかに唐を「舅」・吐蕃を「甥」とする語が見られる。こうして、開元二一（七三三）年、金城公主が赤嶺（現在の中国青海省の東南）に碑を建てて分界を定めることを提案し、第二次の戦いは終局した。

最後に、第三次の戦いは、開元二四（七三六）年、吐蕃が小勃律国を攻撃したことにより、唐と吐蕃との戦闘が行われる。しかし、開元二七（七三九）年、金城公主は死亡する。

以上、金城公主の降嫁以降の唐・吐蕃関係について見てきた。確かに、当時、唐は金城公主へ打診して彼女を通じた吐蕃との和平が模索されてはいた。このことは、和蕃公主の降嫁の有する役割が機能していたという点で重要である。また、このことは、安史の乱以降、唐とウイグルとの絹馬交易の際、ウイグルが唐から降嫁された咸安公主を通じ、ウイグルの優位に交易できるよう、唐皇帝宛てに上奏させていた状況とも相違する（表1⑮の事例）。しかし、実際には金城公主の降嫁以降、吐蕃はその勢力を強め、唐に対して敵国の礼を求めるに至り、両国はしばしば交戦してもいる。このことから、金城公主の降嫁の性格は文成公主の降嫁・咸安公主の降嫁の中間にあり、いわば分水嶺的な位置付けがなされる降嫁であったといえよう。

第三節　安史の乱以降の唐・吐蕃関係

前節では、金城公主の降嫁も先の文成公主の場合と同様、恩寵としての要素を有した政策ではあるものの、実際には降嫁以降、吐蕃は唐に対して敵国の礼を求めるようになるまでにその勢力を強めていたことなどから、最早、文成公主の場合ほどの効果は見られなくなっていることを明らかにした。

この変容は、やがて、安史の乱以降、和蕃公主の降嫁の件数が激減してくる点にもあらわれている。そして、次の五代十国時代から北宋へ至ると、先の後漢魏晋南朝の時代と同様に和蕃公主の降嫁は再びほとんど見られなくなるのである。このことはいかに捉えるべきであろうか。こうした問題の解明のためには、唐代における個々の和蕃公主の降嫁事例を検討すること、および、それら諸事例を相互に比較することが必要であろう。なお、安史の乱以降になると、唐・吐蕃間の和蕃公主の降嫁は行われなくなり、唯一ウイグルに対してのみ和蕃公主が降嫁されるようになる。よって、本節では、和蕃公主の降嫁が金城公主のときにおいてその外交政策としての重みを失いつつあったことを踏まえ、和蕃公主の降嫁が減衰する原因を解明する。そこでは、安史の乱以降の唐・吐蕃関係のみならず、ウイグルに対する和蕃公主の降嫁のありかたについても考察した上で、これを文成・金城両公主の事例と比較・検討する。

まず、当時の唐・吐蕃関係について見てみよう。前節で述べたように、金城公主の降嫁以降も両国はしばしば交戦しており、天宝一四（七五五）載、安史の乱の混乱に乗じて吐蕃は河西を占領した。のちに、宝応元（七六二）年に至ると、唐と吐蕃とは会盟するものの、翌広徳元（七六三）年、吐蕃によって長安が占領されてしまう。このとき、吐蕃は金城公主の甥である李承宏という人物を皇帝としたが、半年余りで撤退した。さらに、永泰元（七六五）年に起こった僕固懐恩の乱（宦官に排除されたことから、僕固懐恩は挙兵して太原を攻撃するが、郭子儀に撃破され、僕固懐恩は途中で病死）へ吐蕃が加担するものの、ウイグルが唐へ寝返って吐蕃を破る事態となっている。

そうした状況のなか、建中四（七八三）年、唐と吐蕃との間で建中会盟が行われた。すなわち、『旧唐書』巻一九六上　吐蕃伝上に、このときの会盟文を載せて、

文に曰く「唐は天下を有ち、禹の跡を恢奄す。舟車の至る所、率俾せざる莫し。以て聖を累ねて光を重ね、歴年永と為し、王者の丕業を彰かにし、四海の声教を被る。吐蕃の賛普と、代々婚姻を為し、固く隣好を結び、安危同体にして、甥舅の国、将に二百年にならんとす……」と。

とある。このなかに唐・吐蕃間の婚姻関係および「甥舅の国」についての表現が見られる。当会盟に関して、金子修一氏は、それ以前まで唐は吐蕃を臣下とみなしていたが、これ以降は唐と吐蕃とが正式に敵国関係に至ったとされている。(11)また、佐藤氏は、当時、吐蕃側に唐との会盟を必要とする内紛があったともしている。(12)

続いて、貞元三（七八七）年、吐蕃が会盟と偽って唐を攻撃するという平涼の偽盟が起こった。当時の吐蕃を取り巻く状況について、森安孝夫氏は、ウイグルと吐蕃とが繰り広げていた北庭争奪戦においてウイグルが勝利をおさめて以降、中央アジア東部を南は吐蕃が、北はウイグルが分け合うことになったとされている。(13)

また、長慶元（八二一）年、唐と吐蕃との間で長慶会盟が行われた。佐藤氏の「唐蕃会盟碑の研究」に、このときの会盟文を載せて、

大唐文武孝徳皇帝□□□□大蕃聖神賛普舅甥の二主の商議し、社稷は一の如し、結びて大和の盟約を立て、永く渝替無く、神人は倶に以て証知し、世世代代、其れをして称讃せしめ、是を以て盟文節目、之を碑に題するなり。

とある。このなかにも唐と吐蕃とが「舅甥」関係であるという表現が見られる[14]。また、佐藤氏は、吐蕃側の記述にも唐・吐蕃を舅甥関係であるとする表現が見られるともしている[15]。以降、両国間の国境は画定し、唐と吐蕃との戦闘はほとんど見られなくなった。その理由を、金子氏は、当会盟によって両国の関係が安定したために唐は吐蕃を敵国として扱うようになったことに求めている[16]。

以上、安史の乱以降の唐・吐蕃関係について見てきたが、吐蕃は以前よりもさらに一層勢力を強め、建中会盟以降、唐と吐蕃とは遂に正式に敵国関係となるに至った。では、こうした状況において、当時、和蕃公主の存在はいかなる時代性を帯びるようになるのであろうか。次に、その点について見てみよう。

当時、唐の宰相であった李泌は、ウイグル・南詔・大食・天竺などを動員して吐蕃を包囲する方針を採っていた。また、『新唐書』巻二一七上 回鶻伝上に、貞元三（七八七）年、ウイグルが求婚してきた際にその李泌の言を伝えて、

（回鶻）使者をして方物を献ぜしめ、和親を請う。帝前の恚を蓄えて未だ平らかならず、宰相の李泌に謂いて曰く「和親は子孫を待ちて之を図れ。朕已むこと能わず」と。……泌曰く「……願わくは昏を聴して約すに開元の故事を用いん。如し突厥可汗をして臣と称せしむれば、使いして来たる者は二百を過ぎず、市は馬千を

過ぎ、唐人の出塞を以てせず、亦た不可なる者は無し」と。帝曰く「善し」と。

とある。李泌はウイグルの求婚を受け入れるのに開元の故事をもってすれば、突厥が臣下と称したごとき状況になるとして徳宗を説得し、咸安公主が降嫁した（前掲表1⑮の事例）。このとき、李泌が取り上げた玄宗期は、表1からもわかるように、最も数多く和蕃公主が降嫁した時代である。つまり、李泌は有効な外交政策として最も数多く和蕃公主が降嫁した玄宗期の前例を踏まえる方針を採っていたことがうかがえよう。そして、貞元一〇（七九四）年、唐は南詔と会盟し、その君長の異牟尋を南詔王へ冊立している。これ以降、唐は南詔を冊封体制下へ組み入れ、これまで吐蕃と行動をともにしていた南詔へ吐蕃を攻撃させるのである。つまり、唐は吐蕃を正式に敵国と認めつつも、一方では南詔を自らの側へ引き込んで吐蕃を牽制する方針を採っていたことがうかがえよう。さらに、同伝中に、元和年間（八〇六〜八二〇）、ウイグルが求婚してきた際に礼部尚書であった李絳の言を伝えて、

（回鶻）使者再び朝し、伊難珠を遣わして再び昏を請わしむ。未だ報わず。……礼部尚書の李絳奏言すらく「……今、回鶻は馬を市せず、若し吐蕃と約を結びて仇を解かば、則ち将臣は閉壁して戦うを憚り、辺人は手を拱いて禍を受く……」と。

とある。李絳もウイグルと吐蕃とが敵対していることを踏まえ、ウイグルへは和蕃公主を降嫁する一方で、吐蕃を牽制することを提唱し、このとき太和公主が降嫁した（表1⑯の事例）。また、『旧唐書』巻一九五 廻紇伝に、長慶元（八二一）年のこととして、

吐蕃の青塞堡を犯すは、迴紇の和親を以ての故なり。塩州刺史の李文悦兵を発して之を撃退す。廻紇の奏すらく「一万騎を以て北庭に出だし、一万騎を以て安西に出だし、吐蕃を拓きて以て太和公主を迎えて帰国せん」と。

とある。このように、太和公主がウイグルへ降嫁するのを吐蕃が妨害しようと侵攻していることがわかる。

以上見たように、これまで考察してきた唐・吐蕃間の和蕃公主の降嫁は、同時期の南詔へも影響を与えており、唐末に南詔が唐へ和蕃公主の降嫁を求めているのは長期間行動をともにしていた吐蕃の影響ではないかと考えられる。[17] そのことを示すものとして、『新唐書』巻二二二中 南蛮伝中に、広明元（八八〇）年、南詔の法（隆舜）が唐へ遣使したときのこととして、

法 宰相の趙隆眉・楊奇混・段義宗を遣わして行在に朝せしめ、公主を迎う。

とある。このとき、唐から和蕃公主の降嫁を許可されていた南詔は、都合三度にわたる迅速な降嫁の実施を求めている。そうした状況について、林謙一郎氏は、南詔は唐から公主を迎えることを強く要求しており、南詔が吐蕃の前例を意識していた可能性が認められるとされている。[18] さらに、唐に対する南詔の交渉には、和蕃公主の降嫁以外にも、留学生を送る・唐へ敵国の礼を求めるなど、唐・吐蕃関係を踏まえたと思われる点が存在している。すなわち、同伝中に、咸通一四（八七三）年のこととして、

（牛叢）因りて之を責めて曰く「……天子其の勤を録し、六詔を合わせて一と為し、成都に附庸せしめ、之を名づけるに国を以てし、子弟の太学に入るを許し、華風を習わしむ……」と。

とある。また、同伝中に、乾符三（八七六）年のこととして、

清平官（宰相）の酋望の趙宗政質子三十を遣わして入朝して盟を乞わしめ、兄弟若しくは舅甥と為らんことを請う。

とあることなどから確認できる。このとき、南詔が求めた「兄弟」もしくは「舅甥」の関係について、金子氏は、唐・ウイグルとの兄弟関係および唐・吐蕃との舅甥関係を踏まえた、南詔の唐に対する敵国関係に基づいた待遇を求めるものであったとしている[19]。

このように、確かに、安史の乱以降も南詔が唐・吐蕃の「舅甥」関係を踏まえて唐へ和蕃公主の降嫁を求めたように、唐と吐蕃との関係は近隣諸国へも影響をおよぼすものであった。同時に、唐においては、ウイグルのみへ和蕃公主を降嫁することによってウイグルと吐蕃とを牽制させる目的も存在してはいた。

しかし、明らかに唐の国威が以前より後退していた当時、和蕃公主の降嫁件数は減少していた。また、すでに先行研究で明らかとされているごとく、従来例を見ない巨額な資装費（持参金）を必要とする真公主を降嫁し、同時に唐側に不利な絹馬交易をも行っていた。そうすることにより、安史の乱の鎮圧に加勢した強い勢力のウイグルを懐柔する必要性にも迫られているのである[20]。

さらに、北宋になると和蕃公主の降嫁事例を見なくなる。では、そうした現象は一体何に起因するのであろう

か。当時、唐・吐蕃間の和蕃公主の降嫁は行われなくなり、唯一ウイグルに対してのみ都合四度にわたって和蕃公主が降嫁している。よって、次に、当時のウイグルに対する和蕃公主の降嫁について、その他諸国の事例との関連に注目しつつ、具体的に見てみよう。

先述のごとく、ウイグルへは真公主を降嫁せざるをえない状況にあった（表1⑬・⑮・⑯の事例）。しかし、前節で取り上げた金城公主は、先の吐蕃伝上の史料によれば、中宗の甥にあたる雍王守礼の女であって中宗の養女となっていた。また、文成公主の出自は管見のおよぶ限り宗室の女であるという点しか見受けられない。すなわち、吐蕃へはいずれも仮公主が降嫁されたということとなる。また、時代は少しさかのぼるが、『新唐書』巻八三 諸公主伝に、儀凰年間（六七六〜六七九）、吐蕃が則天武后の女である太平公主の降嫁を願ったときのこととして、

吐蕃は主の下嫁を請う。后之を夷に棄つるを欲せず、乃ち真に宮を築き、方士の如く薫戒せしめ、以て和親の事を拒む。

とあり、このとき、則天武后は降嫁を断っていることがわかる。さらに、先に挙げた史料であるが、『旧唐書』巻一九四上 突厥伝上に、開元一三（七二五）年、突厥が唐の使者であった袁振へ和蕃公主の降嫁をもちかけたときのこととして、

小殺と其の妻及び闕特勤・暾欲谷等の環りて帳中に坐り、宴を設け、振に謂いて曰く「吐蕃は狗種なれども、唐国は之と婚を為す。奚及び契丹はもと是れ突厥の奴なれども、亦た唐家の公主に尚す。突厥は前後して和親

を結ばんことを請うも、独り許すを蒙らざるは、何ぞや」と。袁振曰く、「可汗は既に皇帝の子と為る。父子の豈に合に婚姻を為すべけんや」と。小殺等の曰く「両蕃も亦た姓を賜うを蒙り、猶お主に尚するを得。但だ此の例に拠れば、何ぞ不可なること有らんや。且つ蕃に入る公主は皆な天子の女に非ざると聞く。今の求むる所、豈に真仮を問わんや。頻りに請えども得ざるは、実に亦た諸蕃に見ゆるを羞ず」と。

とある。このように、近隣諸国はその出自を問わず、仮公主でも構わないという姿勢を示しているのである。つまり、先述の事例は、安史の乱以前、唐が真公主を降嫁しなくてもよい、むしろそれを拒める状況にあったことを示している。一方、国力の衰えた安史の乱以降、強い勢力を誇るウイグルを懐柔するためには真公主を降嫁せざるをえなかった。この点は、文成・金城両公主の状況とは相反するものである。

また、同書 巻一九五 廻紇伝に、乾元元（七五八）年、ウイグルの葛勒可汗へ寧国公主を降嫁した際、唐の使者である李瑀の言動を伝えて、

瑀其の牙帳に至るに及ぶ。毗伽闕（葛勒）可汗 衣赭黄袍、胡帽し、帳中の榻上に坐す。儀衛は甚だ盛んにして、瑀を引きて帳外に於いて立つ。……瑀 拝せずして立つ。可汗報いて曰く「両国の主君、臣礼有り、何ぞ拝せざるを得んや」と。瑀曰く「唐の天子は可汗の功有るを以ての故に、女を将いて可汗に嫁与し、姻好を結ばんとす。このごろ、中国の外蕃と親しむは皆な宗室の子女たり、名づけて公主と為す。今、寧国公主は天子の真の女なり、又、才貌有り、万里をして可汗に嫁与す。可汗は是れ唐家の天子の女婿たり、合に礼数有るべし。豈に榻上に坐して詔命を受くるを得んや」と。可汗乃ち起ちて詔を奉じ、便ち冊命を受く。

とある。最初、葛勒可汗は寧国公主の一行を長椅子に座ったまま迎えようとしている（表1⑬の事例）。また、同書巻一六三 胡証伝に、長慶元（八二一）年、ウイグルの崇徳可汗に太和公主を降嫁したときのこととして、

（廻紇）戎服を以て華服を変革せんと欲し、又、王姫を以て径路を疾駆せんと欲す。証抗志不抜にして、漢の儀を守り、夷の法を黜け、竟に君命を辱めず。

とある。このとき、ウイグルは太和公主にウイグルの衣服を着せて連れて行こうとしており、唐の使者である胡証がこれに抵抗している（表1⑯の事例）。そこには、最早、唐代前半に和蕃公主の降嫁を栄誉としておおいに喜んだ状況とは相反した状況を見ることができよう。

また、先述のごとく、金城公主の降嫁以降、唐と吐蕃との交戦に際し、唐は金城公主へ打診して彼女を通じて吐蕃との和平を追求している。しかし、『全唐詩』巻四二七 白居易「陰山道　疾貪虜也」の詩に、唐とウイグルとの絹馬交易について、

……縑糸の足らずして女工は苦しみ　疎織短截もて匹数に充つ
藕糸蛛網は三丈余　回鶻は無用の処を訴称す
咸安公主は可敦と号し　遠く可汗の為に頻りに奏論す
元和二（八〇七）年に新勅を下し　金帛を内出して馬値に酬ゆ
仍お江淮に詔して馬を糸に値らしむ　此より疎短もて織らしめず……

とある（表1⑮の事例）。日野開三郎氏によれば、馬価絹が多いので不良品を混ぜれば、ウイグルは咸安公主から唐皇帝宛ての上奏で直訴のかたちを示して厳重に抗議したため、元和二（八〇七）年に勅が出され、内庫から金帛を出して以前の支払いをつぐない、今後は不良品の混入を禁じることとしたといわれる。[21] こうした状況からは、金城公主の際とは和蕃公主の立場・役割が全く変容してきており、主客の転倒が生じているとされよう。

さらに、当時において注目すべきは、和蕃公主の降嫁に対して否定的な見解を示す人物が出現してきているという点である。早くには、『旧唐書』巻一九四上 突厥伝上に、中宗期（七〇五〜七一〇）、右補闕であった盧俌の言を伝えて、

> 右補闕の盧俌 上疏して曰く「……漢高帝 婁敬の議を納れ、匈奴と和親し、妻わすに宗女を以てし、略するに鉅万を以てす。冒頓 益々驕り、辺寇は止まず……」と。

とあり、前漢の高祖劉邦期における匈奴への和蕃公主の降嫁を否定している（前掲表3①の事例）。同様に、『新唐書』巻二一五上 突厥伝上に、開元年間（七一三〜七四一）、起居郎であった劉貺の言を伝えて、

> 劉貺 以為えらく「厳尤 弁じて未だ詳らかならず。班固 詳らかにして未だ尽きず。其の至当を推るに、周は上策を得、秦は其の中を得、漢は策無し。……漢は宗女を以て匈奴に嫁がせ、而れども高祖も亦た魯元を畜らかにするも趙王の逆謀を止めること能わず、能く匈奴の叛を息むと謂うは、非なり」と。

とあり、劉晄も前漢の高祖劉邦期における匈奴への和蕃公主の降嫁を否定している（表3①の事例）。また、『雲渓友議』巻下 戎昱「詠史」の詩に、

漢家の青史上　計の拙きは是れ和親なり
社稷は明主に依る　安危を婦人に託す
豈に能将玉貌　便ち擬りて胡塵を静かにせんや
地下の千年の骨　誰か輔佐の臣と為らん

とあり、中唐の詩人である戎昱も前漢の和蕃公主の降嫁を否定している。戎昱をはじめとして、安史の乱以降に詠まれた和蕃公主の降嫁を題材とする詩全体の傾向について、詹氏は、安史の乱以降に国力が衰えると、和蕃公主の降嫁政策は、最早、有効な手段とはいえないとして批判されるようになるとしている。[22] こうした状況からは、それが、唐代前半、吐蕃の例に見たように国策として和蕃公主を君臣一致して必要であると認識していた状況とは全く相反してきていることがわかる。また、先に挙げた史料であるが、『新唐書』巻二一七上 回鶻伝上に、貞元三（七八七）年、李泌が徳宗へウイグルの求婚を許可するように説得したときのこととして、

使者をして方物を献ぜしめ、和親を請う。帝前の恚を蓄えて未だ平らかならず、宰相の李泌に謂いて曰く「和親は子孫を待ちて之を図れ。朕已むこと能わず」と。泌曰く「陛下豈に陝州の故憾を以てするや」と。帝曰く「然り。朕方に天下多難にして、未だ報いること能わず、しばらく和を議することなかれ」と。

とあり、当初、徳宗はウイグルへの和蕃公主の降嫁に否定的であった（表1⑮の事例）。同様に、和蕃公主の降嫁を題材とする詩について研究された小川昭一氏は、元和年間（八〇六～八二〇）、大臣らはウイグルへ和蕃公主の降嫁を行うように奏請したものの、憲宗が先述した戎昱の「詠史」を挙げて難色を示したために大臣らは降嫁の論をやめたとされている[23]。また、唐末、南詔への和蕃公主の降嫁に際しても、同書 巻二二二中 南蛮伝中に、乾符五（八七八）年、右諫議大夫であった柳韜および吏部侍郎であった崔澹の言を伝えて、

（南詔）未だ幾くならずして、西川に寇す。（高）駢奏して与に和親せんことを請う。右諫議大夫の柳韜・吏部侍郎の崔澹 其の事を醜みて上言すらく「遠蛮の畔逆するは、乃ち浮屠の誘致に因るなり。入りて和親を議すは、笑を後世に垂る。駢の職は上将なるも、謀は乖謬す。従うべからず」と。遂に寝む。

とあり、彼らは南詔への和蕃公主の降嫁に「笑を後世に垂る」として反対している。同様に、同伝中に、広明元（八八〇）年、西川節度使であった崔安潜の言を伝えて、

西川節度使の崔安潜 上言すらく「蛮は鳥獣の心を蓄え、礼義を識らず。安んぞ賤隷を以て貴主に尚し、国家の大礼を失うべけんや。澹等の議を用いるべし。臣の請うならく、義征の子を募り、率ね十戸ごとに一保とせん。願わくは山東の鋭兵六千を発して諸州を戍らん。五年に比びて、蛮は奴と為るべし」と。

とあり、崔安潜も南詔への和蕃公主の降嫁は「国家の大礼を失う」として反対している。つまり、唐の朝廷におい

て、南詔に対する和蕃公主の降嫁を行うか否かが議論された際、それに反対する論客の根拠に、南詔が和蕃公主を降嫁するに値する「礼儀」を有していないことがその主な理由として挙げられていた。こうして、第二章で述べたように、後漢魏晋南朝の時代において見られたものと同様、当時、和蕃公主の降嫁に対して否定的な見解を示す人物も出現してきているのである。さらに、皇帝すらも同様の傾向を示すようになった。

なお、先述の建中会盟に際して唐側の人物が示した態度についても注目したい。すなわち、『旧唐書』巻一九六下 吐蕃伝下に、建中四（七八三）年、唐と吐蕃とが会盟する際に隴右節度使であった張鎰の対応を伝えて、

詔して、張鎰 尚結賛と清水に於いて盟す。……初め約するに、漢は牛を以て、蕃は馬を以てす。鎰 之と盟するを恥じ、将に其の礼を殺がんとし、乃ち結賛に謂いて曰く「漢は牛に非ずんば田せず、蕃は馬に非ずんば行かず。今、羊・豕・犬の三物を以て之に代えんことを請う」と。結賛 許諾す。

とあるように、張鎰は吐蕃との会盟を恥じていたことがわかる。このことは、第二章で述べたように、後漢魏晋南朝の時代において、和蕃公主の降嫁のみならず和親そのものを「無益」なものであるとして否定した認識が存在した状況と類似しているのである。

以上、安史の乱以降におけるウイグルに対する和蕃公主の降嫁のありかたを考察し、そのことをこれまで追究してきた吐蕃に対する文成・金城両公主の事例と比較・検討してきた。そこでは、安史の乱以降、和蕃公主の降嫁の実態は以前の場合とは異なってきていることが認められる。すなわち、北魏の道武帝と同様に前漢の「長策」にならう姿勢を示し、恩寵としての性格を有した外交政策であることから変容・後退してきているのである。では、こ

うした現象は一体何に起因するのであろうか。

著名な史家である唐長孺氏は、武周革命を経て安史の乱以降、唐における経済・政治・軍事などの諸方面において「南朝化」の傾向が見られるとされている。(24)また、近年、牟発松氏は、この唐代中期の「南朝化」について、それは各種の社会動因が衝突・融合を繰り返して生み出され、国家の体制となったことから「南朝化傾向」ともよぶべきであるとされている。さらに、魏晋の伝統文化が江南に保存されて南方文化と融合・混合し、新たな文化を形成して中国文化の主流・代表となり、隋唐帝国の成立以降も北方へ影響を与えたとしている。(25)周知のように、唐代前期にその支配層の中核にいたのはいわゆる関隴集団とよばれる人々であった。(26)すでに北魏の孝文帝の頃から、魏晋の伝統を受け継ぐ南朝の国制がしばしば取り入れられてはいたが、(27)隋唐はその正統性の根拠を北朝へ置いていた。(28)しかし、武周革命を経て安史の乱以降、それまでのありかたを担った勢力は衰退していく。こうして当時の社会の変容と連動するかたちで、まず唐の中央財政制度が次第に「南朝化」の傾向を示し、遂には均田制に代わって両税制が施行されるのである。渡辺孝氏は、そのような両税制に依存し、募兵制に立脚する唐代後期において、財政こそが国家の要石であるとされるに至り、宰相も進士出身者も財政への関与を避けて通れないという共通認識を抱くようになった状況の変容について明らかにされている。(29)そして、この流れは次の北宋へと受け継がれていくのである。

以上のことを唐代における和蕃公主の降嫁とあわせ考えてみよう。先述のごとく、宰相の李泌は最も数多く和蕃公主が降嫁した玄宗期の前例を踏まえ、ウイグルのみへ和蕃公主を降嫁することにより、南詔などを動員して吐蕃を包囲する方針を採ってはいた。しかし、安史の乱以降、少なくとも和蕃公主の降嫁について見てみれば、すでに金城公主の際にその外交政策としての重みを失いつつあった。そして、これが従来例を見ない巨額な資装費を必要とする真公主の降嫁であったことにあらわれているように、強い勢力を有するウイグルの存在に規制されるものへと変容しつつあった。それは、あたかも前漢初めの匈奴に対する事例のごとき現象である。つまり、五胡十六国北朝の時代において見られた流れがより一層強まった結果、唐初に恩寵として確立した和蕃公主の降嫁は、唐の国力の衰退とともにその恩寵的な側面が後退し、再び以前の前漢初めのごとき状況へと回帰したことがうかがえるのである。また、近隣諸国内における和蕃公主の扱いも以前とは異なっており、加えて後漢魏晋南朝の時代に生じたことと同様、皇帝すらも和蕃公主の降嫁に対して否定的な見解を示す現象が見られる。先に、北宋において和蕃公主の降嫁の実施を見ないことを指摘したが、それは、先述した安史の乱以降における流れがさらに一層強まった段階で生じたものであるとして大過ないであろう。この過程は、第二章で述べたように、漢六朝期の漢民族王朝に生じた和蕃公主の降嫁が減衰する過程と類似している。そして、一方では、これと時期を同じくし、唐氏らが指摘している唐代社会の諸方面で魏晋の伝統を受け継ぐ南朝的なものを取り入れた「南朝化」の傾向が見られるのである。

このように、北魏の道武帝によるよみかえに端を発して遂には恩寵へと展開を果たし、盛んに実施されるに至った「北方的」な性格を有する和蕃公主の降嫁が、安史の乱以降に変容・後退したことと、唐の国家および社会が北朝に淵源を有する諸制を捨て、南朝的な諸制を導入した「南朝化」の傾向とは、その方向性が同じであるといえる。そして、同じ時代状況のなかに生じたその基調において、相互に関連する事象であると考えられるのである。

小　結

第四章における考察をまとめると次のようになる。

①　太宗期、吐蕃は唐へ数多くの財物をおくって和蕃公主の降嫁を求めている。それは、唐から和蕃公主を降嫁されることにより、統一王朝の勢威を背景に自己の立場を国内外へ示すことが可能なためであった。一方、唐は一旦は吐蕃の求婚を断ってその侵攻を撃退し、自らの優位性を見せ付けた上で文成公主を降嫁している。また、唐はこの降嫁を通じて文化的なレベルの高さを吐蕃へ示してもいる。つまり、当時の和蕃公主の降嫁は、北魏の道武帝によるよみかえに端を発し、遂には唐が近隣諸国の求婚を許可し、中国皇帝から近隣諸国へ恵み与えられる恩寵へと展開を果たした段階における政策であったといえる。このことは、文成公主の降嫁以降、吐蕃が唐の臣下となり、両国間で交戦がなかったことからもうかがえる。そうした点は、前漢における対匈奴への降嫁とは鮮やかな対照をなしている。

②　金城公主の降嫁も引き続き多分に恩寵としての性格を有した政策であった。則天武后期以降、再び吐蕃が唐へ求婚し、そこには吐蕃内部の問題に起因して吐蕃側に和蕃公主の降嫁を求める積極的な理由が存在した。一方、唐は金城公主の降嫁を許可するにおいて、北魏の道武帝と同様に前漢の「長策」にならう姿勢を示し、国策として和蕃公主の存在を必要とした。また、唐はこの降嫁の場合もその文化的なレベルの高さを吐蕃へ示している。さらに、安史の乱以降とは異なり、当時、唐は真公主の降嫁を拒める状況にあった。しかし、実際には降嫁以降、吐蕃は唐に対して敵国の礼を求めるようになるまでにその勢力を強め、両国はしばしば交戦してもいたことから、最早、先の文成公主の場合ほどの効果は見られなくなっていることが注目される。

③　建中会盟の以降、唐と吐蕃とは遂に正式な敵国関係となるに至った。当時、唐・吐蕃間の和蕃公主の降嫁は行われなくなる。一方、引き続き唐と吐蕃とは「舅甥」関係にあり、南詔がそれを踏まえて唐へ和蕃公主の降嫁を求めたように、唐と吐蕃との関係は近隣諸国へも影響をおよぼすものであった。また、唐はウイグルのみ

へ和蕃公主を降嫁し、南詔などを動員して吐蕃を包囲する方針を採ってもいた。しかし、和蕃公主の降嫁はすでに金城公主の際にその外交政策としての重みを失いつつあった。それが従来例を見ない巨額な資装費を必要とする真公主の降嫁であったことにあらわれているように、強い勢力を誇るウイグルの存在に規制されるものへと変容しつつあった。それは、あたかも前漢初めの匈奴に対する事例のごとき現象である。このことから、唐初に恩寵として確立した和蕃公主の降嫁は、唐の国力の衰退とともにその恩寵的な側面が後退し、再び前漢初めの状況へと回帰したことがうかがえる。さらに後漢魏晋南朝の時代に生じたことと同様、皇帝すらも和蕃公主の降嫁に対して否定的な見解を示す現象が見られるようになる。こうした流れのなかで、降嫁の件数自体も減少していった。

④　この現象は、漢六朝期の漢民族王朝に生じた和蕃公主の降嫁が減衰する過程と類似している。一方では、これと時期を同じくして、唐の社会の諸方面で魏晋の伝統を受け継ぐ南朝的なものを取り入れた「南朝化」の傾向が見られる。よって、安史の乱以降、「北方的」な性格を有する和蕃公主の降嫁が変容・後退したことと、唐代全般における「南朝化」の傾向とは、その方向性が同じであるといえる。

本章では、唐と吐蕃との間で二度にわたって行われた和蕃公主の降嫁の実態、安史の乱以降の唐・吐蕃関係、およびウイグルへの和蕃公主の降嫁を比較・検討した。そして、恩寵として確立した「北方的」な性格を有する和蕃公主の降嫁の減衰と、唐代全般における「南朝化」の傾向とが同じ方向性を示しているという点について解明を試みた。

注

（1）佐藤長『古代チベット史研究』（東洋史研究会　一九五八・一九五九年）、山口瑞鳳『吐蕃王国成立史研究』（岩波書店　一九八三年）など参照。なお、山口氏によれば、文成公主が降嫁したのは、棄宗弄讃ではなく、その子の貢日貢贊であり、彼女は芒松芒贊を産み、貢日貢贊の死後に棄宗弄讃と再婚したとされている。

（2）吉井浩美「貞観年間における唐と吐蕃の交渉――文成公主入蔵の必要性――」（『大正史学』第一五号　一九八五年）三三頁参照。

（3）吉井氏前掲論文（前掲注（2））三四頁参照。

（4）このとき、棄宗弄讃が封じられた「賓王」について、金子修一氏は、「中国皇帝と周辺諸国の秩序」（『新版古代の日本』第二巻「アジアからみた古代日本」角川書店　一九九二年　初出、『隋唐の国際秩序と東アジア』名著刊行会　二〇〇一年　五五頁参照）において、西海郡王からの進号は、当時、強勢であった吐谷渾や高句麗を牽制するために新興の吐蕃を特に優遇したものであろうとしている。

（5）堀敏一氏は、前掲書（序章前掲注（3）二二八頁参照）において、吐蕃側の史料には、国初、唐が朝貢してきたという記述もあるとされている。

（6）佐藤氏前掲書（前掲注（1））三九二～四一七頁参照。

（7）詹満江「公主を詠じた詩について」（『杏林大学外国語学部紀要』第一二号　二〇〇〇年）八頁参照。

（8）『旧唐書』巻一九六上　吐蕃伝上　開元一八（七三〇）年の条など参照。

（9）鈴木隆一「吐谷渾と吐蕃の河西九曲」（『史観』第一〇八号　一九八三年）五六頁参照。

（10）佐藤・山口両氏前掲書（前掲注（1））参照。

（11）金子氏前掲論文（前掲注（4））一五〇頁参照。

（12）佐藤氏前掲書（前掲注（1））六二一～六三二頁参照。

（13）森安孝夫「ウイグルと吐蕃の北庭争奪戦及びその後の西域情勢について」（『東洋学報』第五五巻　第四号　一九七三年）七六～

七七頁参照。

(14) 佐藤氏前掲書（前掲注（1））下巻付録「唐蕃会盟碑の研究」参照。

(15) 佐藤氏前掲書（前掲注（1））九一四頁参照。

(16) 金子氏前掲論文（前掲注（4））一五一頁参照。

(17) 従来の研究において、中原王朝から和蕃公主が降嫁されたのは北方遊牧民族のみに限られるとされている（布目潮渢氏前掲論文（序章前掲注（5））二九九～三〇〇頁、および、坂元義種氏前掲論文（序章前掲注（6））三～五頁、日野開三郎氏前掲論文（序章前掲注（6））二三四頁、長沢恵氏前掲論文（序章前掲注（6））二六・三九～四〇頁参照）。しかし、『新唐書』・『資治通鑑』などの記述には、唐が南詔へ和蕃公主の降嫁を行ったとする事例がある。一方、中国においては、王桐齢・鄺平樟・王寿南・閻明恕・崔明徳ら各氏により、この事例の存在がすでに指摘されている。すなわち、『資治通鑑』巻二五二 僖宗紀 乾符三（八七六）年九月の条に、当時、西川節度使であった高駢が南詔の侵攻をおそれ、その君長に対して和蕃公主の降嫁を行うように朝廷へ奏請したことを伝えて、「役の始めて作るや、駢 南詔の声を揚げて入寇するを恐る。敢えて決して来たらずと雖も、役すれば必ず驚擾せん。乃ち奏して景仙を遣わし、遊行に託して南詔に入らしめ、驃信に説諭して中国に帰附せしめ、仍て妻わすに公主を以てせんことを許す。因りて与に二国の礼儀を議するに、之を久しくするも決せず。駢又、声して辺を巡らんと欲すと言い、朝夕に烽火を連ね、大渡河に至る。而るに実には行わざれば、蛮中は惴恐す。是により城の成るに訖るまで、辺候は風塵の警無し。是より先、西川将吏を南詔に遣わす。驃信は皆な坐して其の拝を受く。駢 其の俗の浮屠を尚ぶを以て、故に景仙を遣わして往かしむ。驃信は果して其の大臣を帥いて迎拝し、其の言を信用す」とある。また、先に挙げた史料であるが、『新唐書』巻二二二中 南蛮伝中に、南詔がその乾符三（八七六）年以降、しばしば使節を派遣してきたことを伝えて、「清平官の酋望の趙宗政 質子三十を遣わして入朝して盟を乞わしめ、兄弟若しくは舅甥と為らんことを請う」とある。続いて、乾符四（八七七）年にも、南詔から唐へ使節が派遣されている。同伝中に、そのことを伝えて、「（南詔）陀西の段瑳宝を遣わし、邕州節度使の辛讜に詣りて修好を請わしむ。詔して使者に答報す」とある。

　このように、南詔は和蕃公主の降嫁を受諾する意志を示し、唐へ使節を派遣して和親の姿勢を示しながら、一方では唐の周辺へ侵攻してもいた。これに対し、唐の朝廷では先述した高駢の提案を受け、南詔へ和蕃公主の降嫁を行うか否かの論争が起こっていた。先に挙げた史料であるが、同伝中に、乾符五（八七八）年、南詔の侵攻と、それを受けた高駢の提案へ右諫議大夫であった柳韜らが反対意見を上言したことを伝えて、「未だ幾くならずして、西川に寇す。駢奏して与に和親せんことを請う。右諫議大夫の柳韜・吏部侍郎の崔澹 其の事を醜みて上言すらく「遠蛮の畔逆するは、乃ち浮屠の誘致に因るなり。入りて和親を議するは、笑を後世に垂る。駢の職は上将なるも、謀は乖謬す。従うべからず」と。遂に寝む」とある。つまり、高駢によって進められた和蕃公主の降嫁の計画は一旦は取り止めとなったことがわかる。しかし、この和蕃公主の降嫁を巡る論争はその後もやまず、同年、南詔の使節が入朝した際、宰相であった鄭畋を筆頭とする反対派と、同じく宰相であった盧攜を筆頭とする賛成派とに分かれ、唐の朝廷において論争が再燃している。すなわち、同伝中に、そのことを伝えて、「蛮の使者 再び入朝して和親を議す。而して駢 荊南に徙り、前請を持して置かず。宰相の鄭畋・盧攜 争いて決せず、皆な罷むを賜う」とある。さらに、二年後の広明元（八八〇）年、高駢の提案へ反対する吏部侍郎であった崔澹を高駢自身が弾劾した。すなわち、同伝中に、そのことを伝えて、「是の時、駢 節鎮海に徙り、澹等の沮議を劾す。帝 蒙弱にして暁ること能わず。詔を下して慰解す」とある。すると、同年、新たに西川節度使となった崔安潜が降嫁反対の意見を上言した。先に挙げた史料であるが、同伝中に、そのことを伝えて、「西川節度使の崔安潜 上言すらく「蛮は鳥獣の心を蓄え、礼義を識らず。安んぞ賤隷を以て貴主に尚し、国家の大礼を失うべけんや。澹等の議を用いるべし。臣の請うならく、義征の子を募り、率ね十戸ごとに一保とせん。願わくは山東の鋭兵六千を発して諸州を戍らん。五年に比びて、蛮は奴と為るべし」と」とある。また、同年、新たに西川節度使となった陳敬瑄が今度は高駢と同様に南詔と和親を行うように上言している。すなわち、同伝中に、そのことを伝えて、「西川節度使の陳敬瑄 和親の議を申す」とある。そして、今度は降嫁へ賛成していた盧攜等がこの議論に同調し、再び賛成意見を上言する。こうした経緯を経て僖宗は遂に同年、南詔への和蕃公主の降嫁を決断するに至る。すなわち、同伝中に、そのことを伝えて、「帝 然りと謂い、乃ち宗室の女を以て安化長公主と為して婚を許す」とある。

　こうして、高駢の提案から唐の朝廷において降嫁の実施が決定されるまで、約四年を要した。その間、南詔は唐への侵攻を企てていたが、和蕃公主の降嫁が決定されると以降はそれを受け入れる態勢を示し、都合三度にわたって迅速な和蕃公主の降嫁の実施を求めている。先に挙げた史料であるが、同伝中に、同年、南詔からの使節派遣を伝えて、「宰相の趙隆眉・楊奇混・段義宗を遣わして行在に朝せしめ、公主を迎う」とある。同様に、翌中和元（八八一）年、南詔からの使節派遣を伝えて、「復た使者を遣わして来たりて主を迎えしめ、珍怪氈罽百牀を献ず」とある。同様に、中和二（八八二）年、南詔からの使節派遣を伝えて、「又、布燮の楊奇肱を遣わして来たりて迎えしむ」とある。

このような紆余曲折を経て、『資治通鑑』巻二五五 僖宗紀 中和三（八八三）年一〇月の条に、「宗女を以て安化長公主と為し、南詔に妻わす」とあるように、宗室の女が安化長公主として南詔へ降嫁することとなった。

しかし、『新唐書』巻二二二中 南蛮伝中には、安化長公主を南詔へ送るにあたっての使節が決定したことを述べたのち、先述の『資治通鑑』とは異なる所伝が見えるのである。すなわち、「詔して検校国子祭酒の張譙を礼会五礼使と為し、徐雲虔を之が副とし、宗正少卿嗣虢王の約を婚使と為す。未だ行かずして、而して黄巣平らぐ。帝東のかた還り、乃ち其の使を帰す」とあるのである。つまり、『新唐書』の記述によれば、実際に安化長公主は南詔へ降嫁してはいないと考えられるのである。酈氏もこの『新唐書』の記述により、唐・南詔間の和蕃公主の降嫁は最終的に成立していないとされている（酈氏前掲論文（序章前掲注（6））六三～六四頁参照）。

確かに、成立・不成立の観点から見れば酈氏の説の通りと思われるものの、ここで筆者は、唐が南詔に対する和蕃公主の降嫁を一旦は決定したという事実に注目したい。なぜならこのことは、中原王朝が北方および西方に位置して遊牧を生業とする近隣諸国とのみ婚姻関係を有するという、我が国における従来の見解とは齟齬するからである。換言すれば、中原王朝は南方に位置して遊牧を生業としない近隣諸国に対しても和蕃公主を降嫁することがありえたということである。

周知のように、当時は黄巣の大乱が勃発し、藩鎮自立化の動きが全国的に起こっていた。唐の国力は以前より明らかに低下し、南詔とも婚姻を通じてその勢力を自らに引き付けようとしたと思われる。このとき、唐は南詔を重要視していたのである。また、先述のごとく、唐以前の北朝の時代や以降の五代十国時代における諸朝にも、非遊牧国家としての高句麗や南詔の後継である大長和国との間で婚姻を行おうとする動きがあった。よって、中原王朝から和蕃公主が降嫁したのは北方遊牧民族のみに限られるとする従来の見解は大枠としては正しいといえる。しかし、例外も存在することから、中原王朝が和蕃公主を降嫁する基準は農牧の別にあるとするよりも、むしろその勢力が中原王朝へいかなる「利益」をもたらす存在であるか否かという点に究極的にはあったと考えられよう。

(18) 林謙一郎「南詔国後半期の対外遠征と国家構造」（『史林』第七五号 一九九二年）一三一～一三二頁参照。
(19) 金子氏前掲論文（前掲注（4））一五四頁参照。
(20) 諸氏前掲論文（序章前掲注（6））など参照。
(21) 日野氏前掲論文（序章前掲注（6））二八六頁参照。

(22) 詹氏前掲論文（前掲注（7））一三頁参照。
(23) 小川昭一氏前掲論文（序章前掲注（1））一四頁参照。
(24) 唐長孺『魏晋南北朝隋唐史三論――中国封建社会形成和前期的変化――』（武漢大学出版社　一九九二年）参照。
(25) 牟発松「従社会与国家的関係看唐代的南朝化傾向」（『社会与国家関係視野下的漢唐歴史変遷』華東師範大学出版社　二〇〇六年）、「漢唐歴史変遷中的南方与北方」（『学習与探索』第一七四　第一　二〇〇八年）参照。
(26) 陳寅恪「上篇　統治階級之氏族及其升降」（『唐代政治史術論稿』商務印書館　一九四三年　初出、『陳寅恪集　隋唐制度淵源略論稿・唐代政治史術論稿』生活・読書・新知三聯書店　二〇〇一年）一九七～二〇〇頁、布目氏「唐初の貴族」（『東洋史研究』第一〇巻　第三号　一九四八年　初出、『隋唐史研究』東洋史研究会　一九六八年）三八三～三八四頁など参照。
(27) 宮崎市定「北朝の官制と選挙制度」（『九品官人法の研究――科挙前史――』東洋史研究会　一九五六年　初出、『九品官人法――宮崎市定全集――』第六巻　岩波書店　一九九二年）三三四～三三五頁など参照。
(28) 陳氏前掲論文（前掲注（26））一九七～二〇〇頁、宮崎氏「余論――再び漢より唐へ――」（前掲書（前掲注（27）））四四一～四四三頁、渡辺信一郎「隋文帝の楽制改革――鼓吹楽の再編を中心に――」（『唐代史研究』第八号　二〇〇五年）五二～五三頁など参照。
(29) 渡辺孝「唐後半期における財務領使下幕職官とその位相」（『人文研究　神奈川大学人文学会誌』第一五七号　二〇〇五年）一五四～一五五頁参照。

第五章　五代十国時代および北宋における和蕃公主の降嫁

はじめに

第四章で明らかにした点は以下の通りである。すなわち、唐初における和蕃公主の降嫁は、北魏の道武帝によるよみかえに端を発し、遂には唐が近隣諸国の求婚を許可して中国皇帝から近隣諸国へ恵み与えられる恩寵へと展開を果たした段階における政策である。しかし、安史の乱以降、従来例を見ない巨額な資装費を必要とする真公主を降嫁し、強い勢力を誇るウイグルを懐柔しなければならなかった。唐初に恩寵として確立した和蕃公主の降嫁は、国力の衰退とともにその恩寵的な側面が後退し、再び前漢初めの状況へと回帰した。さらに、後漢魏晋南朝の時代と同様、皇帝すらも和蕃公主の降嫁に対して否定的な見解を示すようになり、事例の件数自体も減少する。この現象は、漢六朝期の漢民族王朝に生じた和蕃公主の降嫁が減衰する過程と類似している。また、これと時期を同じくし、唐の社会の諸方面で魏晋の伝統を受け継いでいるとされる南朝的なものを取り入れた「南朝化」の傾向が見られる。よって、安史の乱以降、「北方的」な性格を有する和蕃公主の降嫁が変容・後退したことと、唐代全般における「南朝化」の傾向とは、その方向性が同じであるといえる。

以上のように、筆者はこれまで漢唐間における和蕃公主の降嫁の消長現象が有する歴史的な意味について考察してきた。では、唐の滅亡から五代十国時代および北宋へ至る時期に、和蕃公主の降嫁はいかなるものとして認識されていたのであろうか。唐代において、外交政策の一つとして唐から近隣諸国に対して和蕃公主の降嫁が盛んに行われていた。これに対し、先述のごとく、五代十国時代および北宋において、和蕃公主の降嫁事例は、南漢から南詔の後継である大長和国に対して行われた一件のみにとどまる。つまり、後漢魏晋南朝の時代と同様、ほとんどその実施が見られないのである。とすれば、こうした現象はいかなる理由によって生じたものなのであろうか。

当時、約三〇〇年間存続した唐の滅亡によって諸国が乱立・興亡し、また、その北方では強大な軍事力を誇る遼(契丹)が対峙する状況となった。こうしたなか、五代最後の王朝である後周に続く宋が中原を再統一する。その宋代における国際関係については、周知のように、すでに田村実造・愛宕松男・島田正郎氏らによって次の点が指摘されてきている。すなわち、宋代になると、中原王朝と、遼をはじめとする非漢民族国家いわゆる征服王朝とがほぼ対等の立場から条約を締結するようになり、東アジアにおける国際関係の一大転換が生じたということである。[1]このことは、次に挙げる点からもうかがうことができる。つまり、当時の宋・遼関係は、宋の皇帝を兄、遼の皇帝を弟とする宋にとって親族関係の上では一応の面目を保つものではあった。しかし、その実態は、「大宋皇帝謹致書于契丹皇帝闕下」および「弟大契丹皇帝謹致書于兄大宋皇帝闕下」とあるように国書が対等であることを示す「致書」形式を示していたこと、宋と遼とがそれぞれ毎年正月および皇帝の誕生日ごとに使節を送っていること、宋が遼の使節をもてなす特別の役所を開設して対遼関係を重要視していることなどの点にあらわれるものであった。

冒頭で述べたように、従来、当該時代の外交に関して指摘されてきたことは、それ以前の唐代とは異なり、中原王朝と近隣諸国とがほぼ対等の立場をとり、財物贈与によって条約締結が行われるようになったとする点である。しかし、本書の主題たる国際結婚すなわち和蕃公主の降嫁について、とりわけその減衰原因について言及した先行研究はわずかである。その数少ない先行研究のなかにあって、日野開三郎氏は、「蕃の民族的自覚の高まりは和蕃公主を厳しい国際関係の外に放逐したということになる」(2)とされている。つまり、当該時代、近隣諸国の民族意識が高揚したため、最早、中原王朝の勢威を具現化した和蕃公主を必要とはしなくなったということである。筆者もこうした氏の見解に大筋で賛同するものである。しかし、こうした中国外における近隣諸国側の意識の変容のみならず、先述した安史の乱以降、中国内においていわゆる「南朝化」の傾向が見られるようになり、国家社会の諸方面で変容が生じたことと、次の五代十国時代および北宋において和蕃公主の降嫁がほとんど実施されていないことを関連付けることも可能であろう。その予測の当否を検証することは容易ではないが、基礎的な作業として、当該時代における和蕃公主の降嫁の実例について詳細な検討を加えることがまず必要であろう。

本章では、以上述べたような問題意識に基づき、①五代十国時代における和蕃公主の降嫁事例はどうであるのか、②北宋における和蕃公主の降嫁事例はどうであるのかについてそれぞれ考察することとする。

第一節　五代十国時代における和蕃公主の降嫁事例

五代十国時代における和蕃公主の降嫁事例としては、南漢から大長和国に対して行われた事例（成立）と、後唐から遼に対して公主を降嫁する話が持ち上がった事例（不成立）との二つが見られる。よって、本節では、この二つの事例それぞれについて考察し、当該時代における和蕃公主の降嫁の実態を追究することとする。

として、

まず、南漢から大長和国に対して行われた場合（前掲表11①の事例）について見てみよう。先に挙げた史料であるが、『新五代史』巻六五　南漢世家　劉隠伝に、乾亨七（九二三）年、大長和国の鄭旻が遣使してきたときのこととして、

是の歳、雲南の驃信の鄭旻 遣使して朱鬃白馬を致し、以て求婚す。使者自ら皇親の母弟・清容布燮兼理・賜金錦袍虎綾紋攀金装刀・封帰仁慶侯・食邑一千戸・持節の鄭昭淳と称す。昭淳学を好みて文辞有り。龔与に游宴して詩を賦し、龔及び群臣は皆な逮ぶこと能わず。遂に隠の女の増城県主を以て旻に妻わす。

とある。ここに見える雲南とは南詔の後継である大長和国のことである。この史料から、このとき、大長和国の求婚を受けて南漢から鄭旻へ烈宗の女である増城県主の降嫁したことがわかる。林謙一郎氏は、この大長和国と五代十国の諸国との交渉に関し、次の二点を指摘されている。すなわち、永平四（九一四）年に大長和国が前蜀へ侵攻したものの、乾徳年間（九一九〜九二三）には大長和国から前蜀へ遣使が行われたこと、また、同光三（九二五）年から後唐が数回にわたって大長和国を招諭する使節を派遣しており、天成二（九二七）年には大長和国が後唐に対しても婚姻を求めていることである。その上で、林氏は、以前の唐代において、南詔が唐に対してときには軍事侵攻さえをも行いつつ、婚姻関係を取り結ぶことを強く要求し、かつ、君主相互の対等性を強調してきた姿勢と、この五代十国時代において大長和国が示した姿勢とは全く共通する図式であるとしている。つまり、南詔が唐に対して示してきた姿勢を大長和国は継承しているとするのである(3)。

私見によれば、こうした姿勢は吐蕃が唐代後半から唐に対して示してきた姿勢でもある。第四章で述べたよう

に、南詔は吐蕃とその政治・軍事的な行動を連動させていた。その過程で吐蕃と同様、和蕃公主の降嫁を強く要求する・留学生を送る・敵国の礼を求めるなどの対応を行っていた。そこには絶えず吐蕃を意識しつつ、唐との関係をはかろうとする南詔の姿勢を見ることができる。また、林氏によれば、南詔蒙氏の王位を簒奪して大長和国を建国した鄭買嗣の祖先は、八世紀後半に南詔の清平官をつとめた鄭回であり、以降、鄭氏は七代にわたって政権の中枢にとどまっていた(4)。彼らはこうした唐と吐蕃および南詔との間の前例を認識していた可能性が大きい。とすれば、事柄が王朝の存亡にかかわる外交案件であることを思えば、大長和国もそれ以前の吐蕃および南詔が唐に対して行った対応を継承し、南漢に対して求婚していたと考えて大過ないであろう。

では、一方、このとき、南漢側が大長和国に対して公主降嫁を実施するに至ったねらいはいかなるものであったのであろうか。史料が少ないためにその詳細を解明することは難しい。しかし、先述した『新五代史』の記述によれば、南漢の皇帝および群臣が大長和国の使者であった鄭昭淳の詩才にかなわなかったことを受け、公主降嫁が決定されている点は注目される。第四章で述べたように、唐の朝廷において南詔に対する和蕃公主の降嫁を行うか否かが議論された際、それへ反対する論客の根拠に、南詔が和蕃公主を降嫁するに値する「礼儀」を有していないことがその主な理由として挙げられていた。これに対し、鄭昭淳の事例で見たように、南漢は大長和国の文化的なレベルをある程度は評価していたと考えられる。また、唐は最終的には南詔に対する和蕃公主の降嫁を実施しなかったものの、一旦はそのことを決定している。当時、黄巣の大乱にともなう藩鎮の自立化の動きが全国的に波及していることを踏まえ、唐には南詔との婚姻を通じてその勢力を自らに引き付けようとするねらいがあった。同様の抗争状況は五代十国時代にも存続している。このような状況のなかで、南漢が大長和国との婚姻を通じてその勢力を自らに引き付けておくことが必要であると考えていたであろうことは想像するにかたくない。つまり、以前の場合とは異なり、このとき南漢では大長和国が公主を降嫁するに値する「礼儀」を有していることを受け、その勢力を自らに引き付けておく目的で実際に真公主を降嫁するに至ったと考えられよう。

次に、後唐から遼に対して公主を降嫁する話が持ち上がったものの、結局は不成立に終わった事例について見てみよう。『資治通鑑』巻二八〇 後晋紀一に、天福元（九三六）年、端明殿学士・給事中であった李崧が、同僚の呂琦とともに末帝（李従珂）へ遼との和親を提言したことを受け、末帝がその提言を枢密直学士であった薛文遇へ相談したときのこととして、

帝其の謀を以て枢密直学士の薛文遇に告ぐ。文遇対えて曰く「天子の尊を以て、身を屈して夷狄に奉じるは、亦た辱ならずや。又、虜の若し故事に循いて公主に尚するを求むれば、何を以て之を拒まんや」と。因りて戎昱の昭君の詩を誦して曰く「安危を婦人に託す」と。帝の意、逐に変わる。一日、急ぎ崧・琦を召して後楼に至らしめ、盛んに怒り、之を責めて曰く「卿輩は皆な古今を知り、人主を佐けて太平を致さんと欲するに、今、乃ち謀を為すこと是の如し。朕の一女は尚お乳臭きに、卿は之を沙漠に棄てんと欲するや。且つ士を養うの財を以て虜庭に輸さんと欲す。其の意は安くにか在らんや」と。二人懼れて汗は流れ、背を浹《うるお》して曰く「臣等の志は愚を竭きて以て国に報いるに在り、虜の為に計るに非ざるなり。願わくは陛下之を察せよ」と。謝すること数無し。帝詬めて責めること已まず。呂琦の気は竭きて拝は少しく止む。帝曰く「呂琦強項し、肯えて朕を視て人主と為すや」と。琦曰く「臣等は謀を為すに臧さず。願わくは陛下其の罪を治め、多拝は何をか為さんや」と。帝の怒りは稍や解け、其の拝を止め、各々酒を賜いて之を罷む。是より群臣は敢えて復た和親の策を言わず。

とある。筆者がこの史料において注目したいのは、薛文遇が遼と和親することを「天子の尊を以て、身を屈して夷狄に奉じるは、亦た辱ならずや」と捉えており、以前の故事から近隣諸国との間で和親を行う際には公主降嫁がともなうことを知っていることである。このことは、先述のごとく、唐の朝廷において南詔に対する和蕃公主の降嫁を行うか否かが議論された際、それへ反対する論客の根拠に、南詔が和蕃公主を降嫁するに値する「礼儀」を有していないことがその主な理由として挙げられていたことと類似している。さらに、薛文遇はこのとき戎昱が詠んだ王昭君の詩を引いて反対してもいる。第四章で述べたように、唐の元和年間（八〇六〜八二〇）、大臣らはウイグルに対して和蕃公主の降嫁を行うように奏請したものの、憲宗が先述した戎昱の詩を挙げて難色を示したために大臣らは降嫁の論をやめた。そのことも当該事例と類似しているといえよう。つまり、このとき、薛文遇が和蕃公主の降嫁に対して抱いた考えは、漢六朝期および唐代後半に生じた否定的な見解と同様であるといえる。そして、末帝も薛文遇のそうした意見を受け、遼への公主降嫁に対して強い抵抗を示し、「朕の一女は尚お乳臭きに、卿は之を沙漠に棄てんと欲するや」としてこれを回避するに至っている。この末帝の態度は、第二章で述べたように、前漢の高祖劉邦期において匈奴に対して自らの女を差し出すことへ強い抵抗を示した呂后の態度と類似しているといえよう。

つまり、このとき、後唐は漢六朝期と同様に公主を降嫁することに否定的な見解を抱き、これを回避する対応を行っているのである。確かに、先に見たように、南漢から大長和国に対して公主を降嫁した事例が存在している。しかし、唐の滅亡によって諸国が乱立・興亡し、またその北方では強大な軍事力を有する遼が対峙していたという状況において、公主降嫁の実施がわずか一事例のみにとどまる点にこそ筆者は注目すべきであると考える。なぜなら、第三章で述べたように、かつて、同様に諸国が乱立・興亡していた五胡十六国時代において、諸国は自国の存続・発展のために軍事同盟を結ぶなど、政略手段として盛んに互いに婚姻していたのである。同様に諸国が乱立・興亡していた状況にあるにもかかわらず、一方では事例がほとんど見当たらず、また一方ではそれが数多く見出されるという点にこそ注目すべきであると考えるのである。

先に指摘したように、五胡十六国北朝の時代の場合、北魏が中原を統一するにともない、和蕃公主の降嫁は中原王朝から近隣諸国に対して恵み与えられる恩寵へと展開した。しかし、五代十国時代では先述した後唐の事例に見られるように、最早、公主降嫁に恩寵としての性格は存在していない。むしろ、和蕃公主の降嫁に対して否定的な見解が強まっている。これらの点は、それに先立つ安史の乱以降の唐代後半において降嫁件数が減少し、かつ、漢六朝期の漢民族王朝に生じたものと同様に和蕃公主の降嫁に対して否定的な見解が出現したことと重なるといえるのである。

なお、この点に関しては、確かに、五代のなかで後唐・後晋・後漢の諸朝は沙陀族によって建国された王朝であることから、民族という視点から見た場合、漢六朝期の漢民族王朝および武周革命の以降にその支配層が変容していった唐代後半と同様に捉えてよいのかという問題も存在するであろう。しかし、先述のごとく、同様に諸国が乱立・興亡していた五胡十六国時代と比較した際の事例件数の極端な少なさ、また、漢六朝期および唐代後半とほぼ同様の和蕃公主の降嫁に対する否定的な見解の存在などにこそ、この五代十国時代における外交政策のありかたが見て取れると思われる。また、やや結論的にいえば、五代十国時代から中原を再統一した北宋でも、和蕃公主の降嫁事例は見当たらず、これに対して否定的な見解が見出せるのである。とすれば、当該時代の状況についてもそうした大きな流れのなかで捉えるべきであると思われるのである。

以上のことを踏まえると、五代十国時代における和蕃公主の降嫁事例は、「北方的」な性格を有する五胡十六国北朝隋唐期の場合よりも、漢六朝期および唐代後半の場合と類似しており、その流れを継承していたといえよう。

第二節　北宋における和蕃公主の降嫁事例

前節では、五代十国時代において、和蕃公主の降嫁は南漢から大長和国に対して行われた一事例のみにとどまり、安史の乱以降、漢六朝期の漢民族王朝に生じたものと同様、和蕃公主の降嫁に対して否定的な見解が出現したことと類似する現象が見られることから、当該時代においても唐代後半の傾向が継承されていたといえることなどを明らかにした。

では、諸国が乱立・興亡していた五代十国時代から、再び中原が統一された北宋においてはどうであろうか。周知のように、景徳元（一〇〇四）年、宋と遼との間で「澶淵の盟」が締結された。その内容は、①宋から遼に対して銀一〇万両・絹二〇万匹を歳幣として贈ること、②宋の真宗を兄、遼の聖宗を弟として両国は兄弟関係となること、③それ以前に後周の世宗によって奪回された瀛州（現在の河北省滄州市・河間市）・莫州（現在の河北省滄州市・任丘市）はそのまま宋領とし、代わりに易州（現在の河北省保定市）を遼に割譲して国境とすること、④両国の捕虜は相互に送還することなどであった。近年、毛利英介氏は、この澶淵の盟によって生じた宋・遼関係は、それ以前の後晋と遼との関係に類似しており、さらに同様の講和の存在は、後唐の李克用と遼の耶律阿保機との間で締結された「雲中の会盟」にまでさかのぼると考えられることから、この講和をもってウイグル帝国の崩壊以降における混乱の帰結とみなしうるとされている[5]。また、古松崇志氏は、澶淵の盟が締結されたことにより、宋と遼とが対等な国家として共存するための仕組みが整い、さらにその仕組みによって西夏・ウイグル・高麗・チベットなど他の

複数の国家もおおむね安定して併存しうる状況が生まれたとして、この国際秩序を「澶淵体制」とよばれている。(6)

さて、本節で考察の対象としている和蕃公主の降嫁は、このような状況下にあって五代十国時代と同様にその実施を見ないのである。そうしたなかにあって一度だけ、結局は不成立に終わったものの、宋から遼に対しての公主降嫁が浮上したことがある。では、このとき、降嫁が不成立に終わった原因はいかなるものであったのであろうか。本節では、この事例について考察し、北宋における和蕃公主の降嫁の実態を追究し、前節までの論をさらに展開することとする。

澶淵の盟以降の慶暦二（一〇四二）年、宋と遼との間でそれ以前に締結されていた条約を改訂する動きが見られた。そのあらましは、遼が宋へ関南十県（現在の河北省滄州市）の割地を要求する国書を送り、それに対し、宋は割地に代えて公主降嫁あるいは歳幣の増額を提案し、最終的に遼は歳幣の増額の方を選択し、両国間で誓書が取り交わされたというものである。従来、この条約改訂に関する指摘は、澶淵の盟において取り決められた歳幣の銀一〇万両・絹二〇万匹に加え、さらに銀一〇万両・絹一〇万匹を増額した点について注目したものが大半である。しかし、その条約改訂の際、宋から遼に対して公主降嫁を行う話が浮上した点についてはほとんど注目されてこなかった。すなわち、『続資治通鑑長編』巻一三五　仁宗　慶暦二（一〇四二）年の条に、遼の興宗からその武力を背景に関南十県の割地を要求する国書が宋へ届いたときのこととして、

（蕭）英等の至るに及び、御史中丞の賈昌朝に命じて館伴せしむ。朝廷は与えんと欲する所を議し、地を割くを許さず、而して信安僖簡王の允寧の女を以て其の子の梁王の洪基と結婚を結ぶ、或いは歳賂を増すを許す。独り（富）弼のみ婚を結ぶを以て不可と為す。

とある。つまり、宋の朝廷では遼からの要求である関南十県の割地を承諾せず、その代わりとして、宋の信安僖簡王の允寧の女と遼の梁王の洪基との婚姻、あるいは、以前の澶淵の盟において取り決められた歳幣の増額を検討している。(7) また、この事例では、先述のごとく、従来、近隣諸国側から中原王朝に対して和蕃公主の降嫁が求められたこととは異なり、むしろ逆に宋の朝廷において関南十県の割地の代わりとして遼との間の婚姻が提案されている。日野氏は、この両国間の婚姻がもともとは遼のねらいに基づいており、宋がさぐりを入れた結果、その事実が判明したとしている。(8) 一方、陶晋生氏はこれに反し、この婚姻が宋から提案されたものであることを指摘されている。(9) 今、両者の論の当否を論じることはしないが、ここで筆者が注目したいのは、ここでの史料上に見られるように、右正言知制であった富弼が遼との間の婚姻に強く反対していることである。当該時代には、富弼が抱いたような、婚姻を異国制御の政策として採るべきではないとする見解が他にも見られる。例えば、『文荘集』巻二四　夏竦「平辺頌」の詩に、

窮兵の忿無く　和親の弱無く
飛芻輦轂の労無く　迎降畜附の費無し
……戎を御するの上策を得る

とある。これは、澶淵の盟について詠まれたものであるが、そこに「和親」とあるのは国家間の婚姻を指しているのであろう。この際に注目すべきは、その「和親」が「弱」であるとみなされている点である。前節の南詔の事例でも見られたように、後漢魏晋南朝の時代および唐代後半において、和蕃公主の降嫁政策を批判する際にもこの

「和親」の語が使われている。また、前節で述べたように、後唐の薛文遇も近隣諸国との間で和親を行う際には和蕃公主の降嫁がともなうことを知っており、遼との和親へ反対していた。つまり、夏竦は遼と婚姻するよりも、澶淵の盟において締結された条約の内容の方が「戎を御するの上策」であると捉えていることがうかがえる。さらに、このとき、御史中丞であった賈昌朝も富弼と同じ立場からこの婚姻に反対している。そのことは、『華陽集』巻三七に、このときの賈昌朝の言を伝えて、

契丹は遣使して関南の地を求め、且つ和親を議す。復た館伴使と為る。公の言えらく「和親は国を辱む、而して尺地も許すべからず」と。

とある。ここで、賈昌朝は和親すなわち遼との婚姻を「国を辱める」ものであると捉えて反対していることがわかる。以上のことを踏まえると、当該時代にも、前節の後唐の事例で見たことと同様、和蕃公主の降嫁に対して否定的な見解が主張されているのである。

このように富弼および賈昌朝らによる反対はあったものの、『続資治通鑑長編』巻一三七 仁宗 慶暦二（一〇四二）年の条に、結局、関南十県の割地の代案として婚姻および歳幣の増額を条件に、富弼と張茂実とが遼へ向かったときのこととして、

富弼・張茂実 結婚及び歳幣を増すの二事を以て往きて契丹に報じ、惟だ択ぶ所となす。

とある。

続いて、宋と遼との間で交渉が行われた。すなわち、同条に、富弼と遼側の劉六符との駆け引きを伝えて、

退きて六符弼に謂いて曰く「皇帝公の栄辱の言を聞き、意は甚だ感悟す。然るに金帛は必ず取るを欲せず、惟だ結婚のみ議すべきのみ」と。弼曰く「結婚は以て釁を生じ易く、況んや夫婦の情好は必し難し。人命の修短或いは異なれば、則ち託する所は堅からず。金帛を増すの便にしかざるなり」と。六符曰く「南朝の皇帝必ず自ら女有らん」と。弼曰く「帝の女の才は四歳にして、婚を成すは須らく十余年後に在るべし。女を迎えて婚を成すを允すと雖も、亦た四五年後に在り。今、目前の疑いを釈かんと欲す。豈に待つべけんや」と。弼敵の婚を欲するの意は多く金帛を得るに在るを揣り、因りて曰く「南朝（宋）の長公主の嫁ぐ故事は、資送十万緡に過ぎざるのみ」と。是に由りて敵の結婚の意は緩み、且つ弼に諭して帰らしむ。

とある。このとき、遼はより多くの額の金帛を獲得しようとし、公主降嫁にともなう資装費の方がより金帛の額は多いとしてまずは婚姻を宋へと持ち掛けた。しかし、富弼は遼のそうしたねらいを読み取り、婚姻の成立の困難さを挙げるとともに、長公主の資装費は以前の故事に基づいても一〇万緡に過ぎない少額であるということを告げる。すると、遼はたちまち婚姻の検討をやめている。その後、富弼らは一旦は宋へと帰国する。

この交渉に関して筆者が注目したいのは、史料上の富弼の言とは異なり、実際には中原王朝における公主降嫁の際の資装費は一〇万緡を超す額であったことがうかがえる点である。すなわち、『資治通鑑』巻二四〇 憲宗 元和一二（八一七）年の条に、唐代、ウイグルに対して真公主が降嫁する場合の資装費を計算したときのこととして、

回鶻は屡々公主に尚するを請う。有司其の費を計るに五百万緡に近し。

とある。真公主が和蕃公主となった際、その資装費は五〇〇万緡にものぼる高額であったことがわかる。また、同書巻二三九憲宗元和九（八一四）年の条に、唐代、今度はウイグルに対して仮公主が降嫁する場合の資装費を述べたときのこととして、

今、江・淮の大県、歳ごとに入る所の賦は二十万緡有り、以て主を降すの費に備うるに足る。

とある。仮公主が和蕃公主となった際、その資装費は二〇万緡であったことがわかる。ちなみに、唐代においては、公主が家臣に対して降嫁する場合の資装費の額も判明している。すなわち、同書巻二五一懿宗咸通一〇（八六九）年の条に、同昌公主が右拾遺であった韋保衡へ降嫁するときのこととして、

同昌公主右拾遺の韋保衡に適く。保衡を以て起居郎・駙馬都尉と為す。公主は郭淑妃の女なり。上特に之を愛す。宮中の珍玩を傾け、以て資送と為し、第を広化里に賜い、窗戸は皆な雑宝を以て飾り、井欄・薬臼・槽匱も亦た金銀を以て之を為し、金縷を編み、以て箕筐と為し、銭五百万緡を賜う。

とあり、唐代における公主降嫁の資装費は五〇〇万緡であった。しかし、史料にあるように、同昌公主が懿宗から特に愛されていたことを踏まえれば、この場合の資装費が五〇〇万緡であったことは特殊な事例であったとも思わ

れる。さらに、宋代においても、唐代ほどの高額ではないものの、公主が降嫁する場合の資装費の額が判明している。すなわち、『宋史』巻一七九 食貨一に、そのことを伝えて、

王安石 執政し、三司條例の司を置くを議し、銭穀の法を修めるを講ず。帝因りて措置の宜を論じ「……一公主の嫁ぐに費は七十万緡に至る」と。

とあり、宋代における公主降嫁の資装費は七〇万緡であった。以上のことを踏まえると、このとき、富弼が遼に対して長公主の資装費は以前の故事に基づいても一〇万緡に過ぎない少額であると告げたことは、事実とは異なっているということとなる。つまり、遼との交渉にあたってその当初からこれとの間の婚姻に反対していた富弼は、資装費の額を実際よりも少なく告げることによって遼が婚姻を断念するように仕向けたといえよう。そして、事実、そのねらいが宋からより多くの額の金帛を獲得することにあった遼においても、こうした富弼の言を聞くとたちまち婚姻の検討をやめたのであった。

そして、両国の交渉は終結し、『続資治通鑑長編』巻一三七 仁宗 慶暦二（一〇四二）年の条に、

是に於いて、敵は許す所の歳ごとに金帛二十万を増すの誓書を留む。

とある。このように、最終的には、以前の澶淵の盟において取り決められた歳幣の銀一〇万両・絹二〇万匹に加え、さらに銀一〇万両・絹一〇万匹が増額されることとなった。この点について、衣川強氏は、当時においても、

宋にとっては澶淵の盟に引き続いて歳幣の額が安上がりであったことを指摘されている[10]。

以上、慶暦二（一〇四二）年における宋と遼との条約改訂について見てきた。当初、宋においては遼からの要求である関南十県の割地を拒みたいばかりに、その代案の一つとして宋から遼に対する公主降嫁が提唱された。しかし、交渉にあたった富弼および賈昌朝らの反対もあり、結局は遼との間の婚姻は不成立に至る。なお、畑地正憲氏は、遼にとって宋からの歳幣が重要な財源であったことを指摘されている[11]。そのことを示すように、遼においても宋からの公主降嫁は高額の金帛を引き出す手段としてのみ捉えられていた。そして、その額が少ないことを知るや否やたちまち話をやめ、最終的には歳幣の増額の方を選択しているのである。

つまり、宋では以前の後唐に引き続き、そこには、公主降嫁に恩寵としての性格は存在していない。むしろ、漢六朝期の漢民族王朝に生じたものと同様、和蕃公主の降嫁に対して否定的な見方が支配していた。一方、遼はその財政にかかわる歳幣の多寡を問題視し、中原王朝からの公主降嫁そのものを重要視するということが存在しなくなっていた。その結果、当該時代、和蕃公主の降嫁は実施されなかったのである。こうした点から、和蕃公主の降嫁に関しては、以前の後唐の場合と同様、当該時代においても、安史の乱以降に生じた傾向が引き続き継承されていたとして大過ないであろう。ちなみに、その後、熙寧八（一〇七五）年にも宋と遼との間で条約改訂が行われているが、そこでは河東地方の国境を確定する協議がなされたのみで、両国間の婚姻が取り上げられることは全くなかった。

小　結

第五章における考察をまとめると次のようになる。

① 五代十国時代における公主降嫁の事例は、南漢から大長和国に対する一事例のみにとどまる。当該時代、北朝隋唐期に見られた公主降嫁を恩寵とする認識は、最早、存在せず、むしろ逆に和蕃公主の降嫁そのものが否定的に捉えられるようになっていた。

② 慶暦二（一〇四二）年における宋と遼との条約改訂では、当初、宋においては遼からの要求である関南十県の割地を拒みたいばかりに、その代案の一つとして宋から遼に対する公主降嫁が提唱された。しかし、交渉にあたった富弼および賈昌朝らが、遼との間の婚姻を「国を辱める」ものであるとして反対したこともあり、結局は不成立に終わる。一方、遼においても宋からの公主降嫁は高額の金帛を引き出させる手段としてのみ捉えられていた。そして、その額が少ないことを知るや否やたちまち交渉をやめ、最終的には歳幣の増額の方を選択した。宋では公主降嫁に恩寵としての性格は存在せず、むしろ漢六朝期の漢民族王朝に生じたものと同様、和蕃公主の降嫁は否定的に捉えられている。同時に、遼でも中原王朝から公主を降嫁されることを重要視することはなくなっていた。こうした点から、和蕃公主の降嫁に関しては、以前の後唐の場合と同様、当該時代においても安史の乱以降に生じた傾向が引き続き継承され、その実施は回避されるに至ったといえる。

本章では、漢唐間における和蕃公主の降嫁の消長現象が有する歴史的な意味について、これまで検討してきたことを踏まえた上で、次の五代十国時代および北宋における和蕃公主の降嫁事例について考察した。そして、従来は注目されてこなかった、安史の乱以降における中原王朝の内部の社会全般にわたる変容にともない、和蕃公主の降嫁が減衰・変容していく傾向は、引き続き次の五代十国時代および北宋へも受け継がれていたことについて明らかにした。

なお、当該時代、宋・遼と同様にその西方において勢力を有していた西夏は、遼に対してはその公主降嫁を求めて許可・実施されている一方、宋に対しては歳幣を求めているという状況が確認される。この点はいかに考えるべきであろうか。本章を終えるにあたってその点について見てみることとする。表16は遼代に行われた西夏に対する公主降嫁の事例を年代順に示したものである。

表16　遼代における西夏への公主降嫁の事例

	年代	出自	降嫁先	出典
①	統和七（九八九）年	宗女 王子帳耶律襄女 義成公主	西夏 李継遷	『遼史』巻一二 聖宗紀
②	太平一一（一〇三一）年	興平公主	西夏 李元昊	『遼史』巻一八 興宗紀
③	乾統二（一一〇二）年	宗女 成安公主	西夏 李乾順	『遼史』巻二七 天祚帝紀

表16①の事例は、『遼史』巻一一　聖宗紀に、統和四（九八六）年、西夏を建国した李元昊の祖父である李継遷が遼に対して求婚したときのこととして、

李継遷五百騎を引いて塞に欵し、大国と婚し、永く藩の輔けと作らんことを願う。詔して王子帳節度史の耶律襄の女の汀を以て義成公主に封じて下降し、馬三千疋を賜う。……（同）七（九八九）年戊戌、王子帳の耶律襄の女を義成公主に封じ、李継遷に下降す。

とあるものである。このとき、李継遷へは義成公主が降嫁しており、以降も遼から西夏に対して公主降嫁が行われた。それに反し、西夏は宋に対しては公主降嫁を求めることはなく、宋との講和に際して歳幣を求めることがしばしばであった。例えば、『続資治通鑑長編』巻六〇　真宗　景徳二（一〇〇五）年の条に、李継遷の子である李徳明が宋に対して歳幣を求めたときのこととして、

（徳明）但だ多く徼求して自ら誓約を為すを肯ぜざるなり。……（同）三（一〇〇六）年、徳明に襲衣・金帯・金鞍・勒馬・銀万両・絹万疋・銭二万貫・茶二万斤を賜う。

とあり、このとき、李徳明へ大量の歳幣が与えられていることがわかる。

では、なぜ、西夏は遼へは公主降嫁を求めているのに対し、宋へは歳幣を求めているのであろうか。そうした事例に関して崔明徳氏は、当時、西夏は宋としばしば交戦しており、さらに自国の内政においても困難な状況にあっ

たため、軍事的な優位に立つ遼から公主を降嫁されることによって遼と軍事同盟を結び、自己の地位を国内外へ向けて強める目的が存在していたと指摘されている。また、遼は西夏へ公主を降嫁することによって西夏と連携し、宋を牽制する目的が存在していたとも言及している[12]。こうした点を踏まえれば、本章で考察したように、西夏においても遼と同様にその財政にかかわる歳幣の多寡を問題視し、最早、中原王朝からの公主降嫁そのものを重要視する状況が存在しなくなっていたのではないであろうか。その結果、宋へは歳幣を求めているのである。一方、遼にとって宋からの歳幣が重要な財源であったことから、西夏はもとより遼へ歳幣を求めることはなく、隋唐時代と同様、遼の勢威を背景に自己の地位を国内外へ向けて強める手段として遼からの公主降嫁を捉えていたのではないであろうか。崔氏も述べるように、遼と西夏との間の公主降嫁は、和蕃公主の降嫁が最も盛んに行われた隋唐時代の事例と同様の状況である。隋唐時代では、中原王朝がしばしば第三勢力を牽制するため、求婚してきた近隣諸国へ公主を降嫁した。とすれば、漢民族王朝においては、和蕃公主の降嫁が否定的に捉えられていたためにその実施を見ることはなかったのに対し、非漢民族王朝の間においては、従来通り婚姻に基づく外交政策の実施されたことが確認できる。このことは、漢民族王朝と非漢民族王朝とにおける事例の比較・検討を通じて筆者がこれまで明らかにしてきた、和蕃公主の降嫁が「北方的」な性格を有する外交政策であるということを裏付ける新たな事実といえるであろう。なお、遼と西夏との間における公主降嫁の実施事例を巡っては、ここで取り上げた考察が充分なものとはいえず、いまだ一側面からの検討にとどまっており、そこには注目すべき重要な点が数多く残されている。そうした問題の詳細な解明に関しては今後の課題としたい。

注

（1）田村実造『中国征服王朝の研究』（東洋史研究会　一九六四年）、愛宕松男『アジアの征服王朝』（河出書房　一九六九年）、島田正郎『契丹国　遊牧の民キタイの王朝』（東方書店　一九九三年）など参照。
（2）日野開三郎氏前掲論文（序章前掲注（6））三〇二頁参照。
（3）林謙一郎「大理国史研究の視覚」（『名古屋大学文学部研究論集　史学』第五〇号　二〇〇四年）一二頁参照。
（4）林氏前掲論文（前掲注（3））六頁参照。
（5）毛利英介「澶淵の盟の歴史的背景――雲中の会盟から澶淵の盟へ――」（『史林』第八九巻　第三号　二〇〇六年）一〇五頁参照。
（6）古松崇志「契丹・宋間の澶淵体制における国境」（『史林』第九〇巻　第一号　二〇〇七年）四頁参照。
（7）ちなみに、田村氏によれば、澶淵の盟を締結する際にも、例えば、『宋史』巻二九〇　曹利用伝に、景徳元（一〇〇四）年、宋と遼との交渉における宋の真宗の言を伝えて、「帝利用に語りて曰く「契丹は南のかた来たり、地を求めざれば則ち賂を邀むるのみ。関南の地は中国に帰して已に久しければ、許すべからず。漢のとき、玉帛を以て単于に賜うこと故事有り」と」とあり、また、同書　巻二八一　寇準伝にも、同様にその際の真宗の言を伝えて、「帝曹利用を遣わして軍中に如き、歳幣を議せしめて曰く「百万以下は皆な許すべきなり」と」とある。このように、真宗は土地の割譲は承認しがたいものの、金帛ならば毎年遼へ贈る額が一〇〇万以下であればそれを贈ってもよいという姿勢を示していたという（田村氏「澶淵の盟約と其の史的意義」（『史林』第二〇巻　第一・二・四号　一九三五年　初出、前掲注（1））一八一頁参照）。
（8）日野氏前掲論文（序章前掲注（6））三〇四頁参照。
（9）陶晋生『宋遼関係史研究』（聯経出版事業公司　一九八四年）七八頁参照。
（10）衣川強「両宋王朝をめぐる国際関係――時代の俯瞰図――」（『宋元時代史の基本問題』汲古書院　一九九六年）四五頁参照。
（11）畑地正憲「北宋・遼間の貿易と歳贈とについて」（『史淵』第一一一号　一九七四年）一三九頁参照。
（12）崔明徳氏前掲論文（序章前掲注（6））三六三～三六四頁参照。

附編　元代および春秋戦国時代の婚姻に基づく外交政策

はじめに

以上、本書では、従来の視点とは異なる角度から新たに和蕃公主の降嫁の実態を捉え直し、漢から唐という長いタイムスパン（論の展開の都合上、五代十国時代および北宋の事例をも含む）から見てこうした各時代の事例を可能な限り検証し、その歴史的な意味について総合性をはかった。その上で、国際結婚すなわち婚姻に基づく外交政策である和蕃公主の降嫁というものが、果たして漢から唐までの時代を通じていかなる時代性を付与されたものであったのかという、これまで一般には論じられることのなかった点について明らかにすることを試みてきた。

そこでは、以下の事柄について指摘してきた。すなわち、漢六朝期における漢民族王朝と、北方諸族によってあるいはその影響を大きく受けて建国された王朝との場合を比較した結果、和蕃公主の降嫁は確かに前漢にも存在してはいた。しかし、むしろ後代、北魏の道武帝によるよみかえに端を発して遂には恩寵へと展開を果たし、盛んに実施されるに至ったという質・量面から見て、和蕃公主の降嫁はいわば「北方的」ともいえる性格を有した外交政策であるといえる。その後、安史の乱以降、降嫁件数は減少し、その恩寵的な側面も後退する。さらに、漢六朝期における漢民族王朝に生じたものと同様、和蕃公主の降嫁に対する否定的な見解も出現した。一方、これと時期を同じくし、唐の社会の諸方面で魏晋の伝統を受け継いでいるとされる南朝的なものを取り入れた「南朝化」の傾向が見られる。このため、「北方的」な性格を有した和蕃公主の降嫁の減衰・後退と、唐代全般における「南朝化」の傾向とは同じ方向性を示しているといえる。そしてこの現象は続く五代十国時代および北宋へも継承され、こうした流れのなかで和蕃公主の降嫁の実施は回避されたのである。

では、ここまでの考察を通じてえられたことを踏まえた上で、視野を広げてみれば、漢民族王朝たる趙宋以降、モンゴルによって建国された元代においても公主降嫁の事例が見られる。そして、当該時代の公主降嫁は、前漢初めに見られたように屈辱的なものではなく、五胡十六国北朝隋唐期で見られたものと同様の性格を有する政策であったことがうかがえる。やや結論的にいえば、この点は、筆者がこれまで指摘してきた、五胡十六国北朝隋唐期における和蕃公主の降嫁が「北方的」な性格を有した外交政策であるとする見解を支えるものであるといえよう。

なお、周知のように、時代をさかのぼった秦漢帝国が形成される以前の春秋戦国時代でも、漢魏晋南朝の時代とは異なり、分立していた中原諸国は他の敵対諸国との間で盛んに婚姻を結んでいる。そして、これらの事例と五胡十六国北朝の時代の事例とは、政略結婚という点で類似した様相を示しているようなのである。とすれば、北方諸族によってあるいはその影響を大きく受けて建国された王朝のみならず、漢民族王朝の前身である春秋戦国時代にも同様の政策が存在することとなる。つまり、筆者がこれまで指摘してきた、和蕃公主の降嫁が「北方的」な性格を有した外交政策であるとする見解との一致を見なくなってしまうのである。この点は、いかに考えるべきであろうか。そこで、春秋戦国時代の外交における婚姻がいかに行われたのかについて述べる必要性があるであろう。それによって、これまで考察してきた北方から発祥した王朝において行われた外交政策としての婚姻が、それらの事例とはいかなる点で相違し、また関連を有するのかについて確認できるであろう。

本章では、以上述べたような問題意識に基づき、①元代における公主降嫁はいかなる政策であったのか、②春秋戦国時代における婚姻に基づく外交政策はいかに行われたのかについて検討を加え、これまで本書で明らかにしてきた漢から宋における和蕃公主の降嫁とのかかわりについて述べることとする。

第一節　元代における公主降嫁

では、元代における公主降嫁はいかなる政策であったのであろうか。まず、この点について見てみよう。表17は元代に行われた近隣諸国に対する公主降嫁の事例を年代順に示したものである。

例えば、表17①の事例は、『元史』巻二〇八　高麗伝に、至元一一（一二七四）年五月、高麗王の王植の世子である王愖へ世祖（フビライ）の女である斉国大長公主が降嫁したときのこととして、

（至元）八（一二七一）年正月、植其の枢密使の金錬を遣わして奉表入見せしめ、結婚を請う。……一一月、植其の同知枢密院事の李昌慶を遣わして奉表して婚を許す事を謝せしむ。……（一一年）五月、皇女の忽都魯掲里迷失世子の愖に下嫁す。

とあるものである。この事例について、森平雅彦氏は、元が高麗に対して公主降嫁を行った目的は、当時の対南宋戦とのかねあいを中心に日本への遠征などをも考慮に入れつつ、高麗の服属を安定させるためであるとされて

いる。[1]その後も、元は引き続き高麗に対して公主を降嫁している。

また、元は高麗の他にチベットに対しても公主を降嫁している。こうした事例について、乙坂智子氏は、元がチベットに対して公主降嫁を行った目的は、当該時代、元が近隣諸国へ課していた「六事」とよばれる六項目の義務に加え、これへ公主降嫁を行うことによって君長一族への支配を強め、より完全な内附体制を目指すことであったとされている。[2]

表17　元代における近隣諸国に対する公主降嫁の事例

	年代	出自	降嫁先	出典
①	至元一一（一二七四）年	世祖女 斉国大長公主	高麗 忠烈王愖	『元史』巻一〇九 諸公主表、同書巻二〇八 高麗伝
②	世祖期（一二六〇～一二九四）	宗女 太宗第三子闊端女	チベット チャクナドルジェ	Tshal pa kun dga' rdo rje, *Deb ther dmar po, The Red Annals,* (ed. by Namgyal Institute of Tibetology, 1961)
③	至元一八（一二八一）年	宗女	チベット ダルマパーララクシタ	Tshal pa kun dga' rdo rje, *Deb ther dmar po, The Red Annals,* (ed. by Namgyal Institute of Tibetology, 1961)
④	元貞元（一二九五）年	宗女 晋王甘麻田女 薊国大長公主	高麗 忠宣王謜	『元史』巻一〇九 諸公主表、同書巻二〇八 高麗伝

⑤	延祐三（一三一六）年	宗女 営王也先帖木儿女 濮国長公主	高麗 忠粛王燾	『元史』巻一〇九　諸公主表
⑥	英宗期 （一三二〇～一三二三）	公主	チベット ソェナムナンポ	Tshal pa kun dga' rdo rje, *Deb ther dmar po, The Red Annals,* (ed. by Namgyal Institute of Tibetology, 1961)
⑦	泰定二（一三二五）年	宗女 魏王阿木哥女 曹国長公主	高麗 忠粛王燾	『元史』巻一〇九　諸公主表
⑧	不明	宗女 梁王松山女 □国公主	高麗 瀋王暠	『元史』巻一〇九　諸公主表
⑨	至順元（一三三〇）年	宗女 鎮西武靖王焦八女 徳寧公主	高麗 忠恵王楨	『高麗史』巻八九　后妃伝二
⑩	至順三（一三三二）年	慶華公主	高麗 忠粛王燾	『高麗史』巻八九　后妃伝二
⑪	至正九（一三四九）年	宗女 魏王阿木哥女 魯国大長公主	高麗 恭愍王禎	『高麗史』巻八九　后妃伝二

このように、元代における公主降嫁は、前漢初めに見られたように屈辱的なものではなく、五胡十六国北朝隋唐期で見られたものと同様の性格を有する政策であったと考えられる。表17①の事例では、このとき、隋唐と同様に高麗側から元に対して公主降嫁を求めている。また、降嫁された公主は世祖の女である斉国大長公主すなわち真公主であった。それは、第三章で述べたように、北魏が華北を統一する過程の時期と同様、近隣諸国へ真公主を降嫁することに抵抗が生じた状況とは異なるものである。さらに、元が金からその公主を娶っている事例も見受けられる。(3) 以上、モンゴルによって建国された元代において行われた外交政策としての婚姻事例には、先述のごとく、北方諸族によってあるいはその影響を大きく受けて建国された王朝において行われたものと類似した点を挙げることができる。とすれば、この点は、筆者がこれまで指摘してきた、五胡十六国北朝隋唐期における和蕃公主の降嫁が「北方的」な性格を有した外交政策であるとする見解をさらに支えるところがあるとされよう。

第二節　春秋戦国時代の婚姻に基づく外交政策

では、一方、時代をさかのぼった春秋戦国時代の婚姻に基づく外交政策はいかなるものであったのであろうか。次に、この点について見てみよう。

例えば、『史記』巻三六 陳世家に、文公元（前七五五）年のこととして、

（陳文公）蔡の女を取り、子の佗を生む。

とあり、このとき、陳の文公が蔡の女を娶ったことを伝えている。また、時代は異なるが、同書　巻三五　蔡世家に、哀侯一一（前六八三）年のこととして、

初め、哀侯　陳を娶る。

とあり、蔡の哀侯もまた陳の女を娶っていたことがわかる。このように、例えば、蔡と陳との場合に両国は互いに女を嫁がせて娶り合っていた。さらに、同書　巻四三　趙世家に、武霊王四（前三二三）年のこととして、

（武霊王）韓と区鼠に会す。五（前三二二）年、韓の女を娶りて夫人と為す。

とあり、趙の武霊王が韓と会盟を行ってその女を娶っている。ここで若干挙げたような中原諸国間の婚姻は、当該時代では周知のように枚挙にいとまがないほどである。

また、同様の婚姻事例は、中原諸国といわゆる夷狄諸国との間でも確認できる。すなわち、同書　巻三九　晋世家に、献公五（前六七二）年のこととして、

（献公）驪戎を伐ち、驪姫と驪姫の弟とを得る。倶に之を愛幸す。

とある。ここでは、晋の献公が驪戎を攻撃した際にその女二人を娶っていることがわかる。(4) また、同書　巻四三　趙

世家に、趙襄子の姉が代王へ嫁いでいたことを伝えて、

襄子の姉前に代王の夫人と為る。簡子既に葬られ、未だ除服せず、北のかた夏屋に登り、代王に請う。厨人をして銅料を操り、以て代王及び従者に食せしむ。行斟するに、陰かに宰人をして各々料を以て代王及び従官を撃殺せしめ、遂に兵を興して代の地を平らぐ。

とある。代は北狄による国家であったが、ここでは、趙が以前から代を平定しようとしており、これへ女を娶らせることによって自らを信用させるねらいがあったと考えられよう。

このように、春秋戦国時代でも分立する中原諸国は、後代のように否定的ではなく、軍事同盟を結ぶなどの目的で他の勢力へ盛んに女を嫁がせ、また娶ってもいた。そのことは、一見して五胡十六国北朝の時代に政略結婚として行われた形態と相違ない。むしろ、統一王朝を形成する過程における諸国分立の状況にあり、自国の存続・発展のために他の勢力と積極的に婚姻している点から、両時代の婚姻に基づく外交政策は同様であるとさえいえよう。とすれば、北方諸族によってあるいはその影響を大きく受けて建国された王朝のみならず、漢民族王朝の前身である春秋戦国時代にも同様の政策が存在することとなる。つまり、筆者がこれまで指摘してきた、和蕃公主の降嫁が「北方的」な性格を有した外交政策であるとする見解と齟齬することとなろう。

しかし、その際に注目すべきは、当該時代はいまだ統一王朝が出現して中原王朝と近隣諸国との間に見る華夷の別が成立していない時代である点である。小倉芳彦氏は、華夷の別の成立に関し、「いわゆる華夏諸国と戎・狄との間には、春秋時代に至るまでは、相当に密接でまた対等な交渉があったが、やがて――『左伝』の原型が形成さ

れる頃になると――そのような戎や狄は「戎狄蛮夷」として一般に蔑視され、華夏との間に絶対的な差別を設ける風潮が一般化して来た[5]」とされている。春秋戦国時代を通じ、夷狄とみなされることもあった秦・楚なども次第に諸夏へと組み込まれ、漢民族の原型が形成・出現した。その流れのなかから中国史上初の秦による天下統一がなされ、これとともに夷戎蛮狄の四夷観が確立するのである。一方、華夷の別が形成途上にある春秋戦国時代とは異なり、秦の時代には夷狄である近隣諸国との間の婚姻は見られない。第二章で述べたように、続く前漢でも和蕃公主の降嫁には否定的であり、自らの勢力が強まるにつれて徐々にこれを避けるようになる。後漢魏晋南朝の漢民族王朝もこの流れを受け、和蕃公主の降嫁を「無益」な政策であるとしてその実施例さえ見出すことはできない。

一方、秦漢帝国の崩壊以降、近隣勢力の華北侵入と漢人政権の江南移動とを契機とし、一旦は固定した華夷が流動するようになる。こうしたなか、漢民族王朝では避けられるようになっていた政略結婚が五胡によって中原へと持ち込まれた。そして、北魏の華北における覇権が確立するにともない、徐々にこの婚姻形態へ恩寵的な性格が生じるようになった。それは、北魏分裂によって一旦は頓挫するものの、北朝から出現した隋が中国再統一を果たすと、和蕃公主の降嫁を恩寵として行うようになる。続いて唐になると、太宗が中国皇帝のみならず北方諸族から贈られた「天可汗」としての立場から、近隣諸国の求めに応じて恵み与える恩寵として盛んに和蕃公主の降嫁を行う。こうした構図が成立するまでに和蕃公主の降嫁は展開していったのである。

すなわち、諸国が分立していた状況からそれぞれ統一王朝が形成される場合であっても、一方の秦漢では、華夷間に差別を設けたことによって和蕃公主の降嫁を避けるようになった。これに対し、そもそもは夷狄であった五胡を一つの淵源として遂には中国の正統王朝となった隋唐では、和蕃公主の降嫁を恩寵として行うようになった。両者の間にはこうした相違が存在すると考えられるのである。

小結

附編における考察をまとめると次のようになる。

① モンゴルによって建国された元代において行われた婚姻に基づく外交政策の事例には、北方諸族によってあるいはその影響を大きく受けて建国された王朝において行われたものと類似した点を挙げることができる。この点は、筆者がこれまで指摘してきた、五胡十六国北朝隋唐期における和蕃公主の降嫁が「北方的」な性格を有した外交政策であるとする見解をさらに支えるものであるといえる。

② 春秋戦国時代においても、分立する中原諸国は軍事同盟を結ぶなどの目的で他の勢力へ盛んに女を嫁がせ、また娶ってもいた。しかし、中国の統一王朝としての秦漢帝国の時代に、華夷の別が確立したことによって和蕃公主の降嫁は避けられるようになる。これに対し、五胡を一つの淵源として中国の正統王朝となった隋唐では、和蕃公主の降嫁を恩寵として行うようになった。両者の間にはこうした相違が存在することが明らかである。

本章では、視野を広げ、元代における公主降嫁はいかなる政策であったのか、また、春秋戦国時代における婚姻に基づく外交政策がいかに行われたのかについて検討を加えた。そして、漢から唐（五代十国時代および北宋をも含む）における和蕃公主の降嫁とのかかわりについて述べることにより、これまで本書で明らかにしてきた見解の強化を試みた。なお、本章における婚姻に基づく外交政策を巡っては、ここで取り上げた考察が充分なものとはいえず、いまだ一側面からの検討にとどまっている。特に、先述のごとく、遼・西夏・金・元などの王朝で実施された事例には注目すべき重要な点が数多く残されている。そうした問題の詳細な解明に関しては今後の課題としたい。

注

（1）森平雅彦「駙馬高麗国王の成立――元朝における高麗王の地位についての予備的考察――」（『東洋学報』第七九巻 第四号 一九九八年）一七頁参照。

（2）乙坂智子「元朝の対外政策――高麗・チベット君長への処遇に見る「内附」体制――」（『史境』第三八・三九号 一九九九年）三九頁参照。

（3）表18は金からモンゴルに対して行われた公主降嫁の事例を示したものである。

表18　金代におけるモンゴルへの公主降嫁の事例

	年代	出自	降嫁先	出典
①	貞祐二（一二一四）年	宗女 東海郡侯女 岐国公主	モンゴル 太祖（チンギス）	『続資治通鑑長編』巻一六〇 寧宗紀 嘉定七年

ちなみに、『明史』巻一六四 胡仲倫伝に、景泰二（一四五一）年、エセンが自分の妹を明の英宗へ娶らせようとしたときのこととして、「会々、上皇（英宗）北のかた狩す。也先妹を以て妻わせんと欲す。上皇因りて広寧伯の劉安を遣わし、入りて帝に

言わしむ。仲倫上疏して之と争いて言えらく「今日の事の屈すべからざるは七有り。万乗の尊を降し、与に婚媾を諧《ととの》うるは、一なり。敵の和議を仮り、我をして備えを無からしむるは、二なり。必ず姻を為さんと欲し、驕尊自大なるは、三なり。金帛を索め、我をして坐して困らしむは、四なり。送駕を以て名と為し、機に乗じて入りて犯すは、五なり。上皇に逼りて手ずから詔せしめ、誘いて辺城を取るは、六なり。山後の地を求めんと欲するは、七なり……」と。帝嘉して納む」とある。このとき、明においては、漢六朝期および唐代後半・五代十国時代および北宋と同様、胡仲倫がエセンとの婚姻に否定的な見解を示し、皇帝もそれを受け入れたため、結局は実施されないままであった。

（4） 小倉芳彦氏は、「裔夷の俘——『左伝』の華夷観念——」（『中国古代史研究』第二 一九六五年 初出、『小倉芳彦著作選 Ⅲ 春秋左氏伝研究』評論社 二〇〇三年 一六五頁）において、このとき、晋の献公が驪戎から娶った女は二人であるとしている。本文に挙げた史料中の「弟」という表記はおそらく妹の意味であろう。本書でも小倉氏の説に従うこととする。

（5） 小倉氏前掲論文（前掲注（4））一八〇～一八一頁参照。

終章

本書における考察をまとめると次のようになる。

① 春秋戦国時代に分立していた中原諸国においては、諸国間での政略結婚が盛んに行われていた。しかし、統一王朝としての秦漢帝国の形成とともに確立した華夷観により、和蕃公主の降嫁は匈奴を懐柔するためにやむをえず行われたいわば屈辱的ともいうべき政策とみなされ、のちに前漢の国威向上にともなってその実施が避けられるようになる。続く後漢魏晋南朝の漢民族王朝へ至っても、近隣諸国を増長させる「無益」な政策であるとみなされてその実施は見出せなくなる。

② 一方、五胡十六国時代、五胡十六国の諸国においては、諸国間での政略結婚が盛んに行われていた。それは拓跋部・北魏へと受け継がれたが、北魏の道武帝は前漢の高祖劉邦が匈奴に対して行った和蕃公主の降嫁を「良策」であると称し、それがあたかも漢に発したものであるかのごときよみかえを行った。これは、北魏特有の政策であり、多分に北方の荒々しい風土から生まれたともいえる立太子の際の生母殺害という奇習を、同じく前漢の例に発するものであるとしたことと共通の方向性を有する政策である。そこには、部族解散と連動して帝権強化をはかるねらいが存在した。

③　さらにその後、和蕃公主の降嫁は、華北統一および北魏中心の中華思想の形成にともない、近隣諸国による中原王朝への求婚を受けてこれが許可されるという恩寵的な性格が新たに加わるようになる。北魏の分裂以降、一時的に政略結婚への回帰現象が起こる。しかし、隋唐時代へ至ると、再び統一王朝の勢威を背景に中国皇帝から近隣諸国へ恵み与えられる恩寵として和蕃公主の降嫁を許可するという構図が復活・確立した。

④　しかし、安史の乱以降、従来例を見ない巨額な資装費を必要とする真公主を降嫁し、強い勢力を誇るウイグルを懐柔しなければならなくなる。唐初に恩寵として確立した和蕃公主の降嫁は、その後、国力の衰退とともにその恩寵的な側面が後退し、再び前漢初めの匈奴に対する事例のごとき状況へと回帰した。さらに当時、後漢魏晋南朝の時代と同様、皇帝すらも和蕃公主の降嫁に対して否定的な見解を示すようになり、事例件数そのものが減少する。この現象は、漢六朝期の漢民族王朝に生じた和蕃公主の降嫁が減衰する過程と類似している。先述のごとく、唐長孺氏の指摘によれば、これと時期を同じくし、唐の社会の諸方面において魏晋の伝統を受け継いでいるとされる南朝的なものを取り入れたいわゆる「南朝化」の傾向が見られる。よって、北魏の道武帝によるよみかえに端を発して遂には恩寵へと展開し、盛んに実施されるに至った和蕃公主の降嫁が安史の乱以降に変容・後退したことと、唐代全般における「南朝化」の傾向とは、その方向性が同じであるといえる。

⑤　五代十国時代および北宋では、中原王朝において、最早、和蕃公主の降嫁に恩寵としての性格は存在していない。むしろ漢六朝期の漢民族王朝と同様、和蕃公主の降嫁に対して否定的な見解が出現している。同時に遼においても、最早、以前のように中原王朝から和蕃公主が降嫁されることを重要視してはいなくなっている。よって、和蕃公主の降嫁に関しては、当該時代においても、安史の乱以降に生じた傾向が引き続き受け継が

れ、それと方向性を同じくして実施は回避されるようになり、事例はわずか一件のみにとどまった。

⑥　以上のことから、漢民族王朝と、北方諸族によってあるいはその影響を大きく受けて建国された王朝との場合を比較すれば、和蕃公主の降嫁が質・量面において重い意味を有したという五胡十六国北朝隋唐期の特異性が浮かび上がってくる。和蕃公主の降嫁は、確かに前漢にも存在してはいた。しかし、むしろ後代、北魏の道武帝によるよみかえに端を発して遂には恩寵へと展開を果たし、盛んに実施されるに至ったとする点がより注目されるのである。よって、和蕃公主の降嫁は、いわば「北方的」ともいえる性格を有した外交政策であると考えられる。

⑦　その後、非漢民族によって建国された元代において行われた近隣諸国に対する公主降嫁は、五胡十六国北朝隋唐期において行われた事例と類似している。この点は⑥の見方を支えるところがある。

以上、本書では、古来から中国が近隣諸国を統御しようとする手段の一つであった国際結婚、すなわち和蕃公主の降嫁の歴史的な意味について注目してきた。そこでは、従来の視点とは異なる角度から新たに和蕃公主の降嫁の実態を捉え直してきた。そして、なぜ唐代において最も盛んに和蕃公主の降嫁が行われたのか、また、漢から唐という長いタイムスパン（論の展開の都合上、春秋戦国時代・五代十国時代・宋代・元代の事例をも含む）から見たとき、和蕃公主の降嫁には消長現象が生じているが、それは各時代のありかたといかにかかわり、いかなる変容を遂げたものであったのかという点について考察してきた。その上で、婚姻に基づく外交政策を、漢民族王朝と非漢民族王朝という観点から網羅的に比較・検討し、もってこれまで論じられることのなかった、和蕃公主の降嫁が時代によって異なる性格を付与された外交政策であったという点について解明してきた。

一方、本書を終えるにあたり、さらに解明すべき数多くの問題もまた同時に浮かび上がってきていることを確認しておきたい。そのなかでも特に、先述のごとく、遼・西夏・金・元などで見られる公主降嫁の実施事例を巡っては、ここで取り上げた考察が充分なものとはいえず、いまだ一側面からの検討にとどまっている。引き続いて漢民族王朝と非漢民族王朝という観点から、婚姻に基づく外交政策の詳細な研究が求められよう。それにより、中国前近代における外交政策の変遷の大概を把握することが可能になると考えられるためである。こうした注目すべき重要な問題の解明が筆者に課せられた今後の使命である。

初出一覧

本書を構成する諸章の原題と初出は以下の通り。なお、本書は、筆者の博士論文である『中国古代・中世における和蕃公主の降嫁をめぐって』（九州大学 二〇一〇年）をもとに、加筆・修正を施したものである。

第一章 「唐代の和蕃公主をめぐる諸問題について」（『九州大学東洋史論集』九州大学文学部東洋史研究会発行 第三四号 二〇〇六年）第一・三節

第二章 「漢唐間における和蕃公主の降嫁について」（『史学雑誌』史学会発行 第一一七編 第七号 二〇〇八年）

第三章 「五胡北朝隋唐期における和蕃公主の降嫁――その時代的特質との関連について――」（『歴史学研究』歴史学研究会発行 第八五五号 二〇〇九年）

第四章 「唐代の和蕃公主をめぐる諸問題について」（『九州大学東洋史論集』九州大学文学部東洋史研究会発行 第三四号 二〇〇六年）第二節

「唐代における和蕃公主の降嫁をめぐって――対吐蕃関係を中心とした――」（『唐代史研究』唐代史研究会発行 第一二号 二〇〇九年）

第五章 「五代十国北宋における和蕃公主の降嫁について」（『九州大学東洋史論集』九州大学文学部東洋史研究会発行 第三八号 二〇一〇年）

附　編 「五胡北朝隋唐期における和蕃公主の降嫁――その時代的特質との関連について――」（『歴史学研究』歴史学研究会発行 第八五五号 二〇〇九年）おわりに

本書全体 『中国古代・中世における和蕃公主の降嫁をめぐって』（博士論文 九州大学 二〇一〇年）

主要史料出典一覧

中国正史……………………中華書局の標点本を使用。
『資治通鑑』…………………中華書局の標点本を使用。
『廿二史箚記』………………中華書局の標点本を使用。
『貞観政要』…………………中華書局の標点本を使用。
『大唐詔令集』………………鼎文書局を使用。
『全唐詩』……………………岳麓書社の標点本を使用。
『続資治通鑑長編』…………中華書局の標点本を使用。
『文荘集』……………………商務印書館の『四庫全書珍本』を使用。
『高麗史』……………………国書刊行会を使用。

参考文献

日本
佐藤長『古代チベット史研究』(東洋史研究会 一九五八・一九五九年)
田村実造『中国征服王朝の研究』(東洋史研究会 一九六四年)
布目潮渢『隋唐史研究』(東洋史研究会 一九六八年)、「隋の大義公主について」(『隋唐帝国と東アジア世界』汲古書院 一九七九年)
愛宕松男『アジアの征服王朝』(河出書房 一九六九年)
森安孝夫「ウイグルと吐蕃の北庭争奪戦及びその後の西域情勢について」(『東洋学報』第五五巻 第四号 一九七三年)
畑地正憲「北宋・遼間の貿易と歳贈とについて」(『史淵』第一一一号 一九七四年)
内田吟風『北アジア史研究 匈奴篇』(同朋舎 一九七五年)
坂元義種『古代東アジアの日本と朝鮮』(吉川弘文館 一九七八年)
小川昭一「和蕃公主の文学」(『花園大学研究紀要』第一二号 一九八一年)
鈴木隆一「吐谷渾と吐蕃の河西九曲」(『史観』第一〇八号 一九八三年)
長沢恵「中国古代の和蕃公主について」(『海南史学』第二一号 一九八三年)
山口瑞鳳『吐蕃王国成立史研究』(岩波書店 一九八三年)
日野開三郎『日野開三郎東洋史学論集』第九巻(三一書房 一九八四年)
吉井浩美「貞観年間における唐と吐蕃の交渉――文成公主入蔵の必要性――」(『大正史学』第一五号 一九八五年)
岡安勇「匈奴呼韓邪単于の対漢「称臣」年代について」(『東方学』第八〇巻 一九九〇年)
林謙一郎「南詔国後半期の対外遠征と国家構造」(『史林』第七五号 一九九二年)、「大理国史研究の視覚」(『名古屋大学文学部研究論集 史学』第五〇号 二〇〇四年)
宮崎市定『九品官人法――宮崎市定全集――』第六巻(岩波書店 一九九二年)

島田正郎『契丹国　遊牧の民キタイの王朝』（東方書店　一九九三年）
堀敏一『中国と古代東アジア世界』（岩波書店　一九九三年）、『東アジア世界の形成』（汲古書院　二〇〇六年）
衣川強「両宋王朝をめぐる国際関係――時代の俯瞰図――」（『宋元時代史の基本問題』汲古書院　一九九六年）
杉山正明『遊牧民から見た世界史　民族も国境もこえて』（日本経済新聞社　一九九七年）
川本芳昭『魏晋南北朝時代の民族問題』（汲古書院　一九九八年）
森平雅彦「駙馬高麗国王の成立――元朝における高麗王の地位についての予備的考察――」（『東洋学報』第七九巻　第四号　一九九八年）
乙坂智子「元朝の対外政策――高麗・チベット君長への処遇に見る「内附」体制――」（『史境』第三八・三九号　一九九九年）
妹尾達彦『岩波講座　世界歴史　九　中華の分裂と再生』（岩波書店　一九九九年）
詹満江「公主を詠じた詩について」（『杏林大学外国語学部紀要』第一二号　二〇〇〇年）
金子修一『隋唐の国際秩序と東アジア』（名著刊行会　二〇〇一年）
池田温『東アジアの文化交流史』（吉川弘文館　二〇〇二年）
西嶋定生『西嶋定生　東アジア史論集』第三巻（岩波書店　二〇〇二年）
小倉芳彦『小倉芳彦著作選　Ⅲ　春秋左氏伝研究』（評論社　二〇〇三年）
平田陽一郎「突厥他鉢可汗の即位と高紹義亡命政権」（『東洋学報』第八六巻　第二号　二〇〇四年）
内田昌功「北燕馮氏の出自と『燕志』、『魏書』」（『古代文化』第五七巻　第八号　二〇〇五年）
渡辺信一郎「隋文帝の楽制改革――鼓吹楽の再編を中心に――」（『唐代史研究』第八号　二〇〇五年）
渡辺孝「唐後半期における財務領使下幕職官とその位相」（『人文研究　神奈川大学人文学会誌』第一五七号　二〇〇五年）
堀内淳一「馬と柑橘――南北朝間の外交使節と経済交流――」（『東洋学報』第八八巻　第一号　二〇〇六年）
毛利英介「澶淵の盟の歴史的背景――雲中の会盟から澶淵の盟へ――」（『史林』第八九巻　第三号　二〇〇六年）
古松崇志「契丹・宋間の澶淵体制における国境」（『史林』第九〇巻　第一号　二〇〇七年）
松下憲一『北魏胡族体制論』（北海道大学出版会　二〇〇七年）

中国・台湾他

王桐齢「漢唐之和親政策」(『史学年報』第一巻 一九二九年)
鄺平樟「唐代公主和親考」(『史学年報』第二巻 一九三五年)
Tshal pa kun dga' rdo rje, *Deb ther dmar po, The Red Annals*, (ed. by Namgyal Institute of Tibetology, 1961)
陶晋生『宋遼関係史研究』(聯経出版事業公司 一九八四年)
唐長孺『魏晋南北朝隋唐史三論――中国封建社会形成和前期的変化――』(武漢大学出版社 一九九二年)
王寿南『唐代人物与政治』(文津出版社 一九九九年)
陳寅恪『陳寅恪集 隋唐制度淵源略論稿・唐代政治史術論稿』(生活・読書・新知三聯書店 二〇〇一年)
閻明恕『中国古代和親史』(貴州民族出版社 二〇〇三年)
崔明徳『中国古代和親史』(人文出版社 二〇〇五年)
牟発松「従社会与国家的関係看唐代的南朝化傾向」(『社会与国家関係視野下的漢唐歴史変遷』華東師範大学出版社 二〇〇六年)、「漢唐歴史変遷中的南方与北方」(『学習与探索』第一七四 第一 二〇〇八年)

あとがき

自宅の机にある古いアルバムには、私がまだ幼稚園に通っていた頃、父と二人で参加した上海ツアーの写真が数枚納められている。ぼんやりとではあるがそのときの特別に楽しかった印象はいまだ脳裏に記憶されているようだ。よくよく考えてみれば、この体験が今現在の私、すなわち東洋史を研究している自分自身へとつながることになる最初の大きな一歩であったのであろう。また、幼い頃は好んで本を読み、その中には中国の歴史に関するものも多数含まれていた。特に中国の古代・中世史に関心を持ち始めたのは小学校高学年からであり、早く中学生になって歴史の授業を受けたいものだと始終思っていた。高校に進学する頃には地元である九州大学の文学部に入り、東洋史を研究するという希望を抱いていた。幸い両親もそうした私の意思を尊重してくれたため、迷いなくこの分野に足を踏み入れることになったのである。

大学に入学してから今現在に至るまでほぼ一〇年以上が経過している。その間における私の学生生活および研究生活は、呆れるほどに不思議と幸運に恵まれていたと自信を持って断言できるものである。それは、ただただ東洋史への興味を持って研究室に所属した私を、一貫して根気強くご教授下さった川本芳昭先生のお力による。川本先生は大変お忙しい立場にいらっしゃるにもかかわらず、常に学生の指導にたくさんの時間を費やして下さっている。川本先生の講義・演習では、題材として扱われる内容に生き生きと血が通い、東洋史を学ぶ意義そしてこの現代に生きる意義の双方を結び付けて深く考えさせられることが毎回であった。また、東洋史の中島楽章先生・舩田善之先生からも貴重なご指導を賜った。さらに、非常勤でいらっしゃる野田俊昭先生・畑地正憲先生・佐々木揚先生からも的確なご指摘を頂いた。加えて、日本史の坂上康俊先生・朝鮮史の濱田耕策先生をはじめとする他の研究室の先生方からも親切なご指南を賜った。なお、充実した大学生活を送るにあたっては自己の所属する研究室の雰囲気というものが大きく作用してくる。私が幸運に恵まれていたと断言できる第二の理由、それは研究室でともに学び合う仲間の存在にある。ときには冗談をも交えつつ、お互いの研究について親身に意見を交わすことがいかに重要であるか身を持って感じさせられた。同様に、日本史学研究室・朝鮮史学研究室をはじめとする他の研究室の方々にも温かく接して頂いた。こうして私が無事に博士号を取得したのも、二〇一〇年度における九州大学大学院人文科学府学府長賞大賞を受賞したのも、ひとえに九州大学文学部というすばらしい環境に身を置いていたためである。どのように感謝の意をあらわせばよいのか、とてもここに書き尽くすことはできない。

なお、私は九州大学の枠を超えても大切な出会いに恵まれることになった。そもそも私が唐代を中心として研究を始めたきっかけは、学部生時代に九州大学へ集中講義に来られた金子修一先生とのご縁によるものである。このときから私は唐の持つ世界帝国としての性格に深く関心を抱くようになった。かつて、九州大学には唐代史を代表する研究者である日野開三郎先生がおられたこともあり、身のほど知らずながらその流れを継承しようと思ったのである。それ以降、主には唐代史研究会への参加を通じ、石見清裕先生・氣賀澤保規先生・妹尾達彦先生・森安孝夫先生・森部豊先生をはじめとする数多くの先生方からも丁寧なご助言を頂いた。私にとって、毎年箱根で開催されている唐代史研究会は諸先生方のみならず、若手の意欲的な研究者の方々ともお会いして刺激を受けることができる大変よい機会である。

博士課程に在学中、九州大学と交換留学制度を提携している中国の復旦大学へ一年間留学することになった。初めての一人暮らしでもあり、当初正直あまり乗り気ではなかったものの、偶然にも二十数年前に一度訪れた経験のあることが幸いしたのか、上海においても不思議なほどの幸運に恵まれた。歴史系の韓昇先生・徐沖先生からは東洋史のご教示のみならず、海外生活を送るにあたっての様々なお力添えを賜った。また、日本・海外を問わず数多くの友人と賑やかに過ごし、果たして私は帰国後に日本での生活に適応することが可能であるかどうか周囲から心配されるほどであった。急成長を遂げる上海の雰囲気に力をもらっていたのかもしれない。今思い返してみても一年という短い間ではあったが、留学生活は私の人生における最も楽しい出来事のうちの一つである。

現在、私は拙いけれども非常勤で教壇に立つ機会をえている。ぜひとも若い学生の皆さんに東洋史を学ぶ意義そしてこの現代に生きる意義を二つながら考え、未来を創造する力を培って欲しいという思いで東洋史の講義を行っている。ここでも毎回新鮮な驚きや発見を経験した。教えることは学ぶこと、この言葉の意味を深く嚙み締める日々である。

最後に繰り返しになるが、私をここまで教え導いて下さった川本先生をはじめとする先生方、東洋史の研究を志す私の意思を尊重して見守ってくれた家族、いつも知的な刺激を与え温かく接してくれた研究室をはじめとする友人達、そしてこの著書を刊行するにあたってご尽力下さった九州大学出版会の皆様方に感謝申し上げたい。また、第一回九州大学人文学叢書における助成交付をえて出版されたこと、及び、それに関して九州大学大学院人文科学研究院からの支援を受けたことも明記しておきたい。

二〇一二年二月

藤野月子

索　引

※頻出する中国の王朝や史料などの項目については省略，または主要な記載のあるページを中心に拾った。

ア

カ

サ

タ

ナ

ハ

ワ

著者略歴

藤野月子（ふじの つきこ）

1980年9月　福岡県に生まれる

2003年3月　九州大学文学部史学科卒業

2010年3月　九州大学大学院人文科学府博士後期課程単位取得退学

同　年6月　博士（文学・九州大学）

現在　九州大学大学院人文科学研究院専門研究員

　　　北九州市立大学非常勤講師

主要論文

「漢唐間における和蕃公主の降嫁について」（『史学雑誌』第117編第7号 2008年）

「五胡北朝隋唐期における和蕃公主の降嫁——その時代的特質との関連について——」（『歴史学研究』第855号 2009年）

「唐代における和蕃公主の降嫁をめぐって——対吐蕃関係を中心とした——」（『唐代史研究』第12号 2009年）　など

九州大学人文学叢書 1

王昭君《おうしょうくん》から文成公主《ぶんせいこうしゅ》へ

——中国古代の国際結婚——

2012年3月30日 初版発行

著者　藤野月子

発行者　五十川直行

発行所　(財)九州大学出版会

〒812-0053 福岡市東区箱崎7-1-146

九州大学構内

電話　092-641-0515(直通)

振替　01710-6-3677

印刷・製本／大同印刷㈱

ISBN978-4-7985-0075-1

「九州大学人文学叢書」刊行にあたって

九州大学大学院人文科学研究院は、人文学の研究教育拠点としての役割を踏まえ、一層の研究促進と研究成果の社会還元を図るため、出版助成制度を設け、「九州大学人文学叢書」として研究成果の公刊に努めていく。

第一回刊行

1　王昭君から文成公主へ——中国古代の国際結婚——

藤野月子（九州大学大学院人文科学研究院・専門研究員）

2　水の女——トポスへの船路——

小黒康正（九州大学大学院人文科学研究院・教授）

以下続刊

九州大学大学院人文科学研究院